Une Histoire

par Jo

DE PETIT COIN

Hugo Image

Ouvrage dirigé par Hervé Desinge

Textes de Annie Pastor et Katherine Quénot
Illustrations de Monsieur B,
extraites du « Bouquin du Petit Coin »
et de « La Bibliothèque du Petit Coin »

34-36, rue La Pérouse
75116 Paris
www.hugoetcie.fr

ISBN : 9782755642902
Dépôt légal : octobre 2019
Imprimé en Chine

366 pages de culture étonnante, de faits surprenants, d'aventures insolites... Un an de lecture pour vous instruire en vous amusant, destiné à tous les curieux des sciences actuelles, une porte ouverte à toutes les connaissances du monde, l'histoire, la géographie, les mathématiques, la physique, mais aussi la grammaire, la cuisine, la mode, les arts...

Découvrez au jour le jour une histoire où la réalité dépasse souvent la fiction. Car ici, tout est authentique, avéré, prouvé. Comme le disait Malraux, « la culture ne s'hérite pas, elle se conquiert ». Alors, autant le faire avec le sourire !

Le premier janvier

Le jour du 1er janvier n'est pas une journée religieuse, c'est une célébration civile. C'est en 532 que l'Église décida de faire commencer l'année à la fête du premier janvier, mois qui suit immédiatement la naissance du Christ. En 1564, le roi Charles IX imposa la fête du 1er janvier comme point de départ obligatoire de chaque année.

1er
JANVIER
8h44 17h04
Jour de l'an

Il faut boire (de l'eau) et manger après un excès d'alcool !

Sachez que votre consommation d'alcool entraîne une déshydratation rapide. Pour la pallier, il est conseillé de boire de l'eau en soirée, avant d'aller se coucher et au lever. En revanche, la caféine, présente dans le café et le thé, est déconseillée durant la gueule de bois. Elle a des effets diurétiques qui ne feront que vous déshydrater davantage. Par ailleurs, la caféine augmente le rythme cardiaque, déjà élevé dans une gueule de bois. Il est préconisé également de se nourrir avant de consommer de l'alcool. Une fois dans l'estomac, l'alcool est mélangé à la nourriture, ce qui permet de ralentir son passage dans le sang.

2

JANVIER

8h44 17h05

St Basile

À l'origine

L'origine du mot ostracisme, qui signifie « bannissement », vient de ostrakon, *qui était un tesson sur lequel les citoyens d'Athènes gravaient le nom d'une personne dont ils avaient voté l'exil.*

3

JANVIER

☀ 8h44 ☀ 17h06

Ste Geneviève

Les bienfaits de l'ail

Antiseptique, anti-inflammatoire, anticholestérol, antioxydant, l'ail est un remède miracle. Grâce à ses acides phénols, il agit comme un antiseptique puissant du système digestif et de l'appareil respiratoire. Son effet fluidifiant sur le sang, sa capacité à dissoudre les petits caillots freineraient l'évolution de l'athérosclérose. Par ailleurs, ses principes actifs soufrés dilateraient les artères coronaires, contribuant à prévenir l'angine de poitrine. Consommé régulièrement, il aiderait à prévenir le cancer de l'estomac.

4
JANVIER
8h44 17h07
St Odilon

Effets observés après un séjour prolongé en apesanteur

Vue : L'angle du regard baisse de 10° à 15°.
Visage : Le sang et autres fluides étant redistribués vers la partie supérieure du corps, le visage paraît enflé.
Colonne vertébrale : Extension de plusieurs millimètres.
Cœur : Le ventricule gauche se rétracte jusqu'à 10 %.
Foie : Réaction aux médicaments différente que sur Terre.
Muscles : Étant donné qu'ils sont moins sollicités et que le flux sanguin diminue, ils commencent à s'atrophier.
Os : Les os deviennent plus légers en raison d'une perte minérale, en particulier de grandes quantités de calcium.
Jambes : Le sang et autres fluides quittant la partie inférieure du corps, les jambes deviennent plus minces et la corne des pieds disparaît.
Sang : Chute du nombre de globules rouges. La réduction de l'oxygénation peut restreindre les capacités physiques.

5
JANVIER
8h44 17h09
Épiphanie

Fête des rois

En France, la coutume de la galette existe depuis le XIVe siècle. Au XVIe et au XVIIe, il y eut des campagnes contre cette fête jugée païenne. Le 6 juin 1795, la Convention, qui avait soulevé la question de substituer à la galette des rois une « galette de l'Égalité », dut y renoncer devant la vigueur des protestations. En 1801, le Concordat réhabilita la fête. Du XVIIe siècle à 1910 environ, les boulangers avaient coutume d'offrir gratuitement une galette des rois à leurs clients. Il existe en France deux sortes de gâteau des rois. Dans le nord de la France, il a la forme de galette feuilletée, très souvent fourrée à la frangipane, représentant le soleil. Au sud, en Provence et dans le Sud-Ouest, c'est un gâteau ou une brioche en forme de couronne qui évoque la couronne des rois. En Provence, elle est fourrée aux fruits confits.

6

JANVIER

8h44 17h10

Ste Mélaine

Savoir-vivre

Les règles du savoir-vivre ont bien changé depuis nos ancêtres les Gaulois. À cette époque, on mangeait assis, sur des banquettes et des sièges ou à même le sol, sur des peaux, et on se servait directement avec les mains dans les plats. Il n'y avait pas de gobelets pour boire, mais les vases circulaient de bouche en bouche.

7
JANVIER
8h43 17h11
St Raymond

D'où vient l'expression « poule mouillée » ?

Apparue au XVIIIe siècle, cette expression compare un peureux avec une poule mouillée parce qu'une poule, quand elle a été surprise par la pluie, se tient à l'écart, sans remuer, comme abattue.

8

JANVIER

8h43 17h12

St Lucien

À table !

Taillevent, cuisinier du roi Charles V (1338-1380), a rédigé beaucoup de recettes dans un livre célèbre : Le Viandier. *Voici comment il fait la tarte aux pommes : « Pelez et disposez pommes, figues et raisins avec des pommes écrasées et trempées dans du vin et de l'oignon revenu au beurre et à l'huile. Arrosez le tout de vin et autres menues épices que vous aurez : cannelle, gingembre blanc, anis et pyguriac (épice non identifiée). Roulez deux grandes parties de pâte. Déposez la première au fond d'un plat et mettez dessus la préparation bien mélangée. Recouvrez de l'autre partie de pâte, saupoudrez de safran, enfournez. »*

9

JANVIER

8h43 17h13

Ste Alix

Valse des plaques

La place de la Concorde à Paris ne s'est pas toujours appelée ainsi. Après avoir été baptisée place Louis-XV en l'honneur du roi, elle devint place de la Révolution en 1792 (plus de 1 000 personnes guillotinées sur ce lieu), puis place de la Concorde sous le Directoire, à nouveau place Louis-XV, puis place Louis-XVI sous la Restauration, place de la Charte en 1830, et elle porte de nouveau le nom de place de la Concorde depuis la Monarchie de Juillet.

10
JANVIER
8h42 17h15
St Guillaume

Qui repose au Panthéon ?

Sur la montagne Sainte-Geneviève, au cœur du Quartier latin de Paris, le Panthéon abrite les corps des plus illustres hommes de France. Parmi eux : Alexandre Dumas père, Victor Hugo, Sadi Carnot, Émile Zola, Louis Braille, Gambetta (uniquement le cœur), Pierre et Marie Curie, André Malraux, Jean Jaurès, Marat. Quelques personnes, inhumées au Panthéon, en ont été par la suite exclues en raison de quelque indignité révélée, dont Mirabeau, la première personne inhumée au Panthéon le 4 avril 1791, dont la dépouille fut remplacée par celle de Marat. Le révolutionnaire a été transféré dans le cimetière de Clamart, mais on n'a jamais pu retrouver son emplacement exact.

11
JANVIER
8h42 17h16
St Paulin

Des dangers du melon

Le 12 janvier 1519, l'empereur Maximilien Ier de Habsbourg serait mort d'une consommation excessive de melons, au retour d'une partie de chasse.

12
JANVIER
8h41 17h17
Ste Tatiana

Payer de sa personne

En 1983, pour décrire un traitement efficace contre le défaut d'érection, un urologue canadien, Laurence Klotz, s'est pris lui-même comme cobaye devant toute une assemblée médusée. Après avoir expliqué qu'il s'était injecté de la papavérine, il baissa son pantalon et son caleçon, dévoilant un pénis clairement en érection, avant d'ajouter : « J'aimerais maintenant donner à certains membres de l'assistance l'occasion de confirmer le degré de tumescence. »

13
JANVIER
8h41 17h19
Ste Yvette

Greffe de tête

Dans une étude publiée par la revue Surgical Neurology International, *le neurologue italien Sergio Canavero a annoncé qu'il était désormais possible de greffer des têtes humaines. Il explique qu'une moelle épinière tranchée net par un instrument chirurgical peut se réparer assez aisément pourvu qu'on remette les deux sections en contact dans un mélange de deux polymères, le polyéthylène glycol (PEG) et le chitosane. Ces produits sont en effet capables d'activer une sorte de fusion-réparation des cellules nerveuses endommagées, comme l'ont montré des expériences réalisées sur des cochons d'Inde et des chiens.*

14
JANVIER
8h40 17h20
Ste Nina

Contre le rhume

Pour combattre le rhume, embrassez, faites l'amour et chantez. En embrassant, vous échangez vos bactéries et entretenez ainsi vos défenses immunitaires. Faire l'amour une fois par semaine augmente la production d'immunoglobuline, une protéine jouant un rôle dans le système immunitaire. Et la production d'immunoglobuline augmente aussi lorsqu'on chante .

15
JANVIER
8h39 17h21
St Rémi

Pieuvre turbo

La pieuvre a influencé des chercheurs pour mettre au point un bolide sous-marin ultra-performant. En effet, les pieuvres battent des records de vitesse en gonflant leur corps d'eau et en l'expulsant avec vigueur.

16

JANVIER

8h39 17h23

St Marcel

Les cinq préceptes de la sagesse chinoise pour les femmes

1. Il est important de trouver un homme qui t'aide dans les tâches ménagères et les travaux pénibles, et qui ait un bon emploi.

2. Il est important de trouver un homme d'esprit, ayant beaucoup d'humour, qui te fasse rire.

3. Il est important que tu trouves un homme sur qui tu puisses compter, en qui tu aies confiance et qui ne te mente jamais.

4. Il est important de trouver un homme qui soit bon au lit, qui aime te faire l'amour.

5. Il est important que ces quatre hommes ne se connaissent pas.

17
JANVIER
8 h 38 17 h 24
Ste Roseline

Bougez !

Un tiers des personnes âgées sont susceptibles de tomber chaque année. Des exercices réguliers réduisent le nombre de chutes de plus de 20 %. Le plus efficace est la représentation du mouvement avant l'exécution car, alors qu'un corps jeune se réajuste naturellement en cas de déséquilibre, en vieillissant, le corps n'est plus capable d'anticiper.

18

JANVIER

8 h 37 17 h 26

Ste Prisca

Tapis

Les gymnastes qui nous impressionnent tant par leurs acrobaties ont un petit secret : ils évoluent sur un « praticable », un tapis composé de différentes couches de mousse et de bois permettant de sauter sur un sol qui rebondit plus que la normale.

19

JANVIER

8 h 36 17 h 27

St Marius

Rencontres

35 % des gens qui utilisent les agences de rencontre sont déjà mariés.

20
JANVIER
8 h 35 17 h 29
St Sébastien

Nés sous le signe du Verseau

La planète qui gouverne le signe du Verseau est Saturne, qui donne à tous ceux et toutes celles qui naissent sous son influence une longue vie placée sous le signe de la réflexion. Saturne est aussi l'astre des magiciens noirs. La couleur associée est le bleu. Les métaux : le zinc et le plomb. Les pierres : l'améthyste, le diamant, l'opale, la tourmaline, la pierre d'aimant et le cristal. Les parfums : le muguet, le réséda, le serpentaire.

21

JANVIER

8h34 17h30

Ste Agnès

Le petit coin des énigmes

Comment Michel peut-il se trouver derrière son père si celui-ci se trouve aussi derrière Félix ?

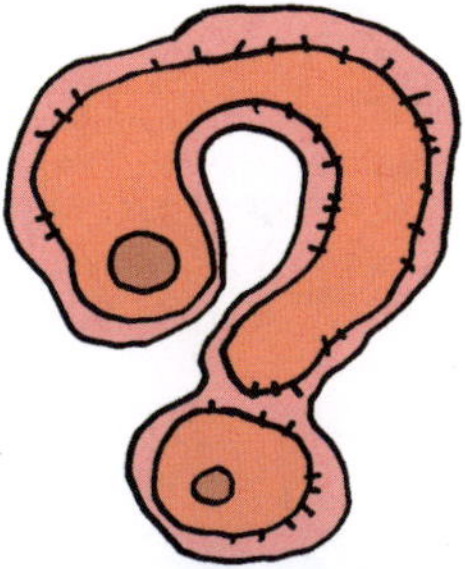

22

JANVIER

☀ 8h33 ☀ 17h32

St Vincent

Réponse au verso

Réponse :

Ils sont dos à dos.

Signalétique

Les produits domestiques sont soumis à une codification quant à leur degré de dangerosité

• Un triangle signifie qu'une mauvaise utilisation peut causer des dommages temporaires.

• Un losange signifie que le produit peut causer des dommages temporaires, mais plus graves.

• Un octogone signifie que l'exposition à une très petite quantité peut causer la mort ou de graves blessures.

23

JANVIER

8h32 17h33

St Barnard

Cannibalisme

Quel goût a la chair humaine ? Certains témoignages parlent d'une saveur comparable à celle du porc, ce qui ne serait guère étonnant, vu que le cochon est proche de l'homme du point de vue physiologique. D'autres témoignages parlent d'un goût de cerf, comme Nicolas Cocaign, un assassin anthropophage condamné à 30 ans de prison en 2011 pour avoir tué un co-détenu et lui avoir mangé un morceau de poumon. Quant à William Buehler, journaliste au New York Times *après la Première Guerre mondiale, il évoque un goût proche de celui d'une « bonne viande de veau ».*

24
JANVIER
8h31 17h35
St François de Sales

Crétin des Alpes

Crétin est un mot originaire de Savoie.
Le crétin est une personne qui habite sur les crêtes.
D'où aussi l'expression : « crétin des Alpes ».

25
JANVIER
8 h 30 17 h 36
Conversion de St Paul

C'était un 26 janvier…

Le 26 janvier 1985, Coluche créait Les Restos du Cœur, une association ayant pour but d'aider et d'apporter une assistance aux personnes démunies en leur distribuant gratuitement de la nourriture. En 2012, en 27 ans, Les Restos du Cœur ont franchi la barre d'un milliard de repas servis. Le nombre de bénéficiaires des Restos du Cœur a été évalué à 900 000 personnes pour la saison 2011-2012.

Les marraines et parrains des Restos du Cœur ont été :

En 1985-1986 : Daniel Balavoine
En 1986-1992 : Jean-Jacques Goldman
En 1992-2007 : Muriel Robin
En 2007-2012 : Mimie Mathy
En 2012-2013 : Kad Merad

26
JANVIER
8 h 29 17 h 38
Ste Pauline

Le petit coin des énigmes

Un escargot est dans un puits de 10 mètres.
Il monte 3 mètres chaque jour et descend 2 mètres chaque nuit.
En combien de jours sera-t-il arrivé en haut ?

27
JANVIER
8 h 28 17 h 40
Ste Angèle

Réponse
au verso

Réponse :

En 8 jours,
car les 7 premiers jours il monte
de 1 mètre (3 moins 2),
mais le 8e jour il monte à nouveau de 3 mètres,
et donc il est arrivé en haut du puits (7 + 3 = 10).

C'était un 28 janvier...

Le 28 janvier 1887, commença la construction de la tour Eiffel. Il fallut 2 ans, 2 mois et 5 jours aux 250 ouvriers pour achever l'édifice. Ceux-ci travaillaient 12 heures par jour (9 heures en hiver) à 300 mètres au-dessus du sol, et ils n'étaient pas même attachés par une simple corde. Il n'y eut pourtant qu'un accident mortel, celui d'un ouvrier italien, tombé du premier étage après la fin de la construction.

28
JANVIER
8h27 17h41
St Thomas d'Aquin

Trésor

Le plus riche trésor du monde a été trouvé en 1993, en Afghanistan, à Mie Zakah. Il compte de la monnaie en argent et en bronze dépassant 4 tonnes, ainsi que 500 kilos d'objets en or (statuettes, bijoux, vases). Malheureusement, il a été dispersé par les marchands.

29

JANVIER

8h25 17h43

St Gildas

Pour la vie

Les pays où l'on divorce le moins sont le Sri Lanka et le Guatemala, où le taux de divorce est de 0,1 pour 1000 habitants.

30
JANVIER
8h24 17h44
Ste Martine

Les remèdes magiques du Petit Albert

Pour Albert le Grand, célèbre auteur de savants ouvrages et de grimoires de magie, la salive de l'homme est de grande vertu. La meilleure est celle d'un homme à jeun, qui est demeuré longtemps sans boire. Elle ferait mourir les aspics, les serpents et les autres reptiles et bêtes venimeuses.

31
JANVIER
8h23 17h46
Ste Marcelle

Ténébreux février

Tiré du latin febrarius, *du mot februare qui signifie « purifier », le mois de février était, chez les Romains, le mois des morts, celui des cérémonies expiatoires et purificatrices. C'était le 2 février que débutaient les fêtes en l'honneur des mânes (les âmes des morts), appelées Fébruales. Elles duraient huit jours, au cours desquels des sacrifices étaient consentis aux dieux infernaux en l'honneur des morts qu'on voulait honorer. Pendant la durée de ces fêtes, il n'était permis à personne de se marier.*

1er

FÉVRIER

8 h 21 — 17 h 48

Ste Ella

Le petit coin des énigmes

Avant-hier, Catherine avait 17 ans ; l'année prochaine, elle aura 20 ans.
Comment est-ce possible ?

2

FÉVRIER

8h20 17h49

Présentation du Seigneur

Réponse
au verso

Réponse :

Hier, on était le 31 décembre,
elle a eu 18 ans.
Cette année, elle va avoir 19 ans
et l'année prochaine, 20 ans.

C'était un 3 février...

Le 3 février 1847, Marie Duplessis, courtisane renommée, mourut à 23 ans de phtisie, qui n'était autre que la redoutable tuberculose pulmonaire, première cause de décès dans l'Europe du XIXe *siècle. Alexandre Dumas fils eut avec elle une relation tumultueuse et passionnée entre 1844 et 1845, qui lui inspira son personnage de Marguerite Gautier, dans son roman* La Dame aux camélias, *paru en 1848, roman qui deviendra* La Traviata *dans l'opéra de Verdi. Marie Duplessis repose au cimetière du Père-Lachaise, où sa tombe est constamment fleurie par des couples d'amoureux.*

3

FÉVRIER

8h19 17h51

St Blaise

Qui a dit ?

« Tant que l'homme sera mortel, il ne pourra pas être vraiment décontracté. »

a. Woody Allen

b. Pierre Dac

c. Jules Romains

d. Henri Estienne

4

FÉVRIER

8h17 17h53

Ste Véronique

Réponse au verso

Réponse :

a. Woody Allen

Que signifie l'expression « avoir des petits pois à écosser ensemble » ?

Cela signifie « avoir des démêlés avec quelqu'un ». Dans les pièces du théâtre de foire du XVIIIe siècle, les poissardes écossant ensemble les pois passent leur temps à se disputer.

5
FÉVRIER
8h16 17h54
Ste Agathe

C'était un 6 février …

Le 6 février 337 : élection du pape Jules Ier.

Le 6 février 886 : effondrement du Petit-Pont à Paris à la suite d'une crue.

Le 6 février 1813 : première de Tancredi, *l'opéra de Gioachino Rossini.*

Le 6 février 1831 : couronnement du pape Grégoire XVI.

Le 6 février 1916 : naissance du mouvement « Dada » à Zurich.

Le 6 février 1922 : succession de Pie XI à Benoît XV au Vatican.

Le 6 février 6 1927 : Yehudi Menuhin, âgé de 10 ans,
se produisit pour la première fois à Paris.

Le 6 février 1945 : naissance de Bob Marley, né Nesta Robert Marley,
chanteur de reggae († 11 mai 1981).

Le 6 février 1971 : Alan Shepard se détendit en jouant au golf.
Rien d'exceptionnel, si ce n'est que c'était sur la Lune.

6
FÉVRIER
8h14 17h56
St Gaston

Terminaison

« Squelette »
est le seul mot masculin qui se termine en « ette ».

7
FÉVRIER
8h13 17h58
Ste Eugénie

Le Jour des scouts

Aux États-Unis, le 8 février est le Scouts' Day (Jour des scouts). Le mot « scoutisme » est issu de l'anglais scout, lui-même issu du vieux français escoute signifiant « éclaireur »), mouvement qui fut créé par lord Robert Baden-Powell, un général britannique à la retraite, en 1907, à Brownsea. Aujourd'hui, le scoutisme et le guidisme (équivalent féminin du scoutisme) comptent plus de 38 millions de membres dans 217 pays et territoires, de toutes les religions et de toutes les nationalités, représentés par plusieurs associations scoutes à l'échelle mondiale. En France, il existe près de 50 groupements se réclamant du mouvement scout. Neuf d'entre eux, regroupés en fédérations, sont reconnus par le ministère de la Jeunesse et des Sports.

8

FÉVRIER

8h11 17h59

Ste Jacqueline

Sainte Apolline

Comme Apolline avait réduit en poussière des statues païennes en soufflant dessus, on lui brisa toutes les dents en guise de punition. Sur le point de mourir, elle se mit au service de tous ceux qui, affligés de maux de dents, l'invoqueraient. Elle est la patronne des dentistes.

9

FÉVRIER

8h10 18h01

Ste Apolline

Ping-pong

Pour qu'une balle de ping-pong cabossée retrouve sa forme initiale, il suffit de la plonger 3 minutes dans de l'eau bouillante.

10

FÉVRIER

8h08 18h03

St Arnaud

Unités de mesure géantes (1re partie)

• Le mégamètre. 1 Mm = 1106 m = 1 000 000 m.
Cette unité de mesure est adaptée pour le diamètre des planètes. La Terre mesure environ 12,8 mégamètres de diamètre.

• Le gigamètre. 1 Gm = 1109 m = 1 000 000 000 m.
Cette unité de mesure est utilisée pour mesurer les distances interplanétaires courtes. Par exemple, la Lune orbite à 0,384 gigamètre de la Terre.

• Le téramètre. 1 Tm = 11012 m = 1 000 000 000 000 m.
Cette unité de mesure est utilisée pour mesurer les grandes distances interplanétaires. Par exemple, Pluton orbite à une moyenne de 5,9 téramètres du Soleil.

• Le pétamètre. 1 Pm = 11015 m = 1 000 000 000 000 000 m.
Cette unité de mesure est utilisée pour mesurer la taille des nébuleuses. Proxima Centauri, l'étoile la plus proche, est située à environ 40 pétamètres du Soleil.

11
FÉVRIER
8h06 18h04
Notre-Dame de Lourdes

Unités de mesure géantes (2e partie)

• *L'examètre. 1 Em = 11 018 m = 1 000 000 000 000 000 000 m.*
Un examètre représente environ 106 années-lumière.
Un amas globulaire mesure environ un examètre de diamètre.

• *Le zettamètre. 1 Zm = 11 021 m = 1 000 000 000 000 000 000 000 m.*
Un zettamètre représente environ 105 700 années-lumière.
Notre galaxie mesure à peu près cette taille.

• *Le yottamètre. 1 Ym = 11 024 m = 1 000 000 000 000 000 000 000 000 m.*
Un yottamètre représente environ 105, 7 millions d'années-lumière.
On utilise cette unité de mesure pour les distances entre galaxies lointaines ou pour la taille des superamas. Les objets les plus lointains de l'univers sont situés à environ 130 yottamètres.

12
FÉVRIER
8h05 18h06
St Félix

D'où vient l'expression « sucrer les fraises » ?

Cette expression, qui désigne un vieillard gâteux, fait allusion à la métaphore de la main qui répand du sucre en tremblant, à cause de mouvements incontrôlés dont sont atteintes certaines personnes âgées.

13

FÉVRIER

8h03 18h08

Ste Béatrice

Saint Valentin

L'empereur romain Claude II avait quelque difficulté à recruter des soldats pour les légions romaines, car les hommes préféraient rester aux côtés de leurs femmes et de leurs fiancées. En 268, il décida d'interdire les mariages et les fiançailles sur tout son territoire. Les couples qui désiraient s'épouser devaient donc trouver en secret quelqu'un qui accepterait de les unir dans les liens du mariage. Or, un prêtre du nom de Valentin accepta de bénir les unions malgré les ordres de l'empereur. Emprisonné et décapité en 269-270, il est devenu le protecteur et patron des amoureux aux XIVe-XVe siècles en Angleterre.

14

FÉVRIER

8h01 18h09

St Valentin

Magique

Le semis de la verveine s'effectue entre le 15 février et le 1er avril. Appelée aussi « larmes de Junon » ou « herbe des sorcières », la verveine est considérée comme une plante merveilleuse depuis l'aube de l'humanité. Elle a la réputation d'être tonique, antispasmodique (lutte contre la nervosité, la toux, l'insomnie, les angoisses), de nettoyer l'organisme et faire tomber la fièvre, de resserrer les tissus et de préparer la guérison des plaies ou des infections. Cette plante était utilisée par les Druides pour prédire l'avenir et conjurer le sort, mais c'est surtout dans le domaine de l'amour que la verveine a grande réputation. Albert le Grand prétend qu'il suffit de se frotter les mains de jus de verveine puis d'en toucher le bras de celui ou celle qu'on veut conquérir.

15
FÉVRIER
8h00 18h11
St Claude

J'ai tellement faim que je mangerais tout un éléphant

Le Jardin des plantes a fourni en viande d'antilope, de chameau et d'éléphant les restaurants parisiens de luxe durant le siège de 1870. Lors de la Commune de Paris, en 1871, les animaux, dont les éléphants Castor et sa sœur Pollux, furent mangés par les Parisiens assiégés et affamés. Certains animaux survécurent, comme les singes, jugés trop proches des humains pour être tués, les lions et les tigres, trop dangereux, et les hippopotames parce que le prix de 80 000 francs qu'on en demandait était hors de portée des bouchers.

16
FÉVRIER
7 h 58 18 h 12
Ste Lucile

Le petit coin des énigmes

Dans une pièce rectangulaire,
les quatre murs, le sol et le plafond sont remplis de miroirs.
La pièce est vide, seul un homme est présent,
combien de reflets verra-t-il de lui-même ?

17
FÉVRIER
7h56 18h14
St Alexis

Réponse au verso

Réponse :

Il ne verra aucun reflet.
Si les murs sont remplis de miroirs
il n'y a pas de fenêtres.
La pièce est vide, il n'y a donc pas de lampe.
Il fait donc noir.

Citoyen

Le mot « sujet » a été remplacé par le mot « citoyen » sur les documents officiels en 1791. Le citoyen est celui à qui on demande de participer aux affaires de la cité.

18

FÉVRIER

7h54 18h16

Ste Bernadette

Nés sous le signe des Poissons

La planète qui gouverne le signe des Poissons est Jupiter. 12 fois moins rapide que la Terre, elle met 11 ans, 10 mois et 17 jours à accomplir son cycle. De même, l'homme de Jupiter est un homme de raison et de volonté, qui est véritablement maître de lui-même, calme et méthodique. Les natifs de ce signe seront en résonance avec le corail, l'héliotrope, le nacre, la perle (pierres), l'étain (métal), le bleu et le violet (couleur), la pivoine, la fleur d'oranger, le jasmin (parfums).

19

FÉVRIER

☀ 7h53 ☀ 18h17

St Gabin

Conseil beauté

Pour diminuer les rides : se « laver » le visage avec la paume des mains par des mouvements circulaires. Ce massage amène le sang et l'énergie vers le visage.

20

FÉVRIER

7h51 18h19

Ste Aimée

C'est possible !

C'est possible de tomber amoureux en 45 minutes ! Une méthode, paraît-il infaillible, a été inventée en 1997 par Arthur Aron, spécialiste des relations amoureuses. Prenez deux inconnus, placez-les face à face dans une salle, demandez-leur de répondre à 36 questions, de plus en plus personnelles, en l'espace de 45 minutes, puis laissez-les se regarder dans le blanc des yeux pendant quatre minutes, et le tour est joué ! Parmi ces questions : « Aimeriez-vous être célèbre ? », « De quoi ne peut-on pas rire ? », « Que signifie le mot amitié pour vous ? », etc. En créant un espace de confiance et en parlant de choses intimes, les deux personnes apprennent à se connaître plus vite, une complicité qui favoriserait le fait de tomber amoureux.

21

FÉVRIER

7h49 18h21

St Pierre-Damien

Freezer

Laissez une petite bouteille d'eau gazeuse en plastique au freezer et attendez. Il faut que l'eau soit très froide, à la limite de la congélation, mais encore liquide. Sortez-la et secouez-la bien. Ouvrez-la : le liquide se glace instantanément à la sortie du goulot.

22
FÉVRIER
7h47 18h22
Ste Isabelle

Pom, pom, pom, pom !

La consommation quotidienne d'une pomme réduirait le risque de la maladie d'Alzheimer et de celle de Parkinson. D'autre part, les femmes enceintes qui mangent régulièrement des pommes ont moins de risque que les autres de mettre au monde un enfant asthmatique.

23
FÉVRIER

7h45 18h24

St Lazare

C'était un 24 février…

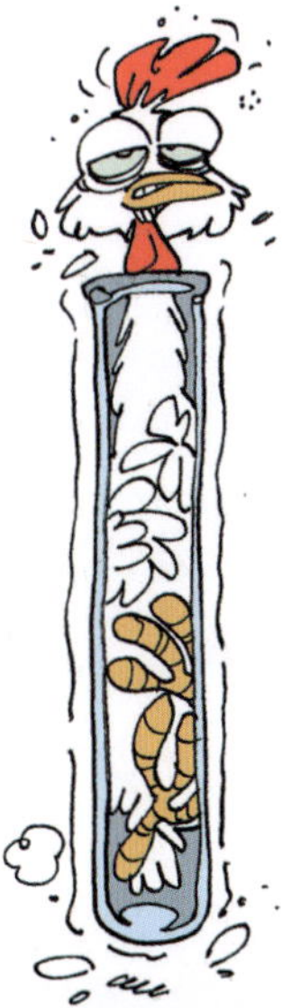

Le 24 février 1982 naissait Amandine, premier bébé éprouvette français, à l'hôpital Antoine-Béclère de Clamart (Hauts-de-Seine). Elle faisait 3,420 kg et mesurait 51 cm. La fécondation in vitro fut réalisée par le biologiste Jacques Testart. Amandine avait été précédée par Louise Brown, née le 25 juillet 1978, au Royaume-Uni. En France, depuis « Amandine » (en 1982) à fin 2008, en 26 ans, environ 200 000 bébés (0,5 % des naissances) sont issus d'une fécondation in vitro, avec un taux qui augmente d'année en année (en France, environ 11 000 naissances sur 750 000. Cette technique est efficace avec une conception dans 50 et 70 % des cas, après 6 cycles, les chiffres décroissant rapidement avec l'âge de la femme.

24
FÉVRIER

7 h 43 18 h 25

St Modeste

Mardi gras

Mardi gras est le temps fort du Carnaval. Le mot « carnaval » dérive du latin médiéval carne levare *signifiant « enlever », « retirer la chair », c'est-à-dire supprimer sur la table durant toute la période du carême la viande ou, autrement dit, le gras. Mardi gras, populairement, est aussi le jour où l'on déguste les crêpes et les fameux beignets de carnaval de Delphine et où les enfants se déguisent et demandent aux voisins, dans les villages, des œufs, du sucre, de la farine, pour confectionner des gâteaux ou des crêpes qui sont mangés en fin d'après-midi.*

25
FÉVRIER
7h41 18h27
St Roméo

Nous skions sur la neige

Faux ! Agrégat de cristaux de glace, les flocons de neige ne sont pas du tout glissants. Mais, en passant sur la neige, les skieurs font fondre quelques grammes en surface. Un film d'eau se forme et le ski glisse alors sur cette pellicule. Conclusion : nous ne glissons pas sur la neige mais sur l'eau.

26
FÉVRIER
7h39 18h29
St Nestor

Ça pousse

La dendrochronologie est l'étude des cernes de croissance des arbres. Elle détermine l'âge d'abattage des arbres en fournissant des datations précises, à l'année près, sur une période de plusieurs milliers d'années. On peut ainsi connaître l'âge des charpentes, des pieux, des meubles ou de la vaisselle en bois trouvés lors des fouilles archéologiques.

27
FÉVRIER

☀ 7 h 37 ☀ 18 h 30

Ste Honorine

Avant la braguette

Autrefois, avant l'invention de la fermeture Éclair, les hommes fermaient leur braguette au moyen de lacets qui s'appelaient des « aiguillettes ». Le maléfice du « nouement de l'aiguillette », qui a sévi pendant des siècles, consistait à faire un nœud à une ficelle représentant symboliquement l'homme que l'on voulait frapper d'impuissance.

28

FÉVRIER

7 h 36 — 18 h 32

St Romain

29 février

Selon une vieille tradition irlandaise, le 29 février est l'occasion pour les femmes de demander un homme en mariage. Cette tradition remonte au temps où l'année bissextile n'était pas reconnue par la loi anglaise. Le jour intercalaire n'ayant alors pas de statut légal, la tradition pouvait être enfreinte.

29
FÉVRIER

7h35 18h33

St Auguste

1er jour de l'année

À l'origine du calendrier romain, le mois de mars était le premier de l'année, car le retour des beaux jours marquait le début de la période de guerre. En effet, Mars vient du latin martius, *nom donné à ce mois par les Romains en l'honneur du dieu Mars, dieu de la guerre. Tous les peuples de l'Antiquité adoraient ce dieu, qui était représenté sous la figure d'un guerrier terrible, et pour lequel on sacrifiait des loups et quelquefois des victimes humaines.*

1er
MARS
7h34 18h33
St Aubin

Qu'ont en commun ?

- *Le gilet pare-balles*
- *Les essuie-glaces*
- *Les escaliers de secours*
- *Les imprimantes laser*

2
MARS
7h32 18h35
St Charles le Bon

Réponse au verso

Réponse :

Ils ont été inventés par des femmes.

Cent ans et des poussières

La guerre de Cent Ans a bien duré cent ans, même plus de cent ans (1337 à 1453), mais il s'agit plutôt d'une série de conflits interrompus par des traités. Après avoir pris pied en France, les Anglais furent finalement repoussés par Charles VII.

3

MARS

7 h 30 18 h 37

St Guénolé

C'était un 4 mars…

Le 4 mars 1975, Charlie Chaplin fut fait commandeur de l'ordre britannique par la reine Élisabeth II. La musique de son film Limelight (Les Lumières de la ville), sorti en 1952, fut jouée lors de la cérémonie au palais de Buckingham.

4
MARS

7 h 28 18 h 38

St Casimir

Histoires d'hommes

L'Homo sapiens et l'homme de Cro-Magnon sont une seule et même personne. L'homme de Cro-Magnon est en effet un Homo sapiens identifié sur une période particulière et dont le nom provient de l'abri Cro-Magnon sous lequel on a retrouvé ses premiers vestiges. Les premiers Homo sapiens seraient apparus il y a 200 000 ans, probablement en Afrique, et se sont implantés sur toute la planète. Ils ont atteint l'Australie en bateau il y a 50 000 ans environ et l'Océanie il y a quelques milliers d'années. Puis ils sont passés à pied en Amérique il y a 30 000 à 15 000 ans, par le détroit de Behring, alors à sec.

5

MARS

7 h 26 18 h 40

Ste Olive

Le Coca-Cola contient-il de la cocaïne ?

Non ! Mais il n'en a pas toujours été ainsi. Des recherches scientifiques montrent qu'un verre de Coca-Cola en 1886 contenait environ neuf milligrammes de cocaïne. Officiellement, le Coca-Cola ne contient plus de cocaïne depuis 1903, mais après un contrôle surprise de la US Food, Drug and Insecticide sur le produit, il s'avère qu'on en détectait encore des traces après 1929. Il faut savoir que cette boisson a été créée par John Pemberton qui avait contracté une addiction à la morphine pour soulager la douleur due à ses blessures, lors de la guerre de Sécession, et cherchait à s'en désintoxiquer progressivement.

6
MARS
7 h 24 18 h 41
Ste Colette

Casse-tête

Le fils de cet homme est le père de mon fils. Sachant que je ne suis pas une femme, quel est le lien de parenté entre cet homme et moi ?

Réponse au verso

7
MARS
7h22 18h43
Ste Félicité

Réponse :

Cet homme est mon père.

Journée de la femme

En France, les femmes ont obtenu le droit de vote un siècle après les hommes, en 1944. Dès 1907, elles pouvaient disposer librement de leur salaire, mais n'ont pu travailler sans le consentement de leur mari qu'à partir de 1965. C'est aussi à cette date qu'elles ont eu le droit de s'ouvrir un compte en banque.

8

MARS

7h19 18h44

St Jean de Dieu

La signification des rêves

Rêver fréquemment de chute révèle un sentiment d'insécurité.
Rêver d'oiseaux symbolise le désir de liberté.
Rêver de bébé signifie un désir d'enfant ou de tout recommencer de zéro.
Rêver d'un cimetière peut signifier que vous voulez enterrer un problème, ou lui échapper.
Rêver que l'on court est une évocation de rapports sexuels que l'on cherche à fuir.
Rêver de cuisine signifie que l'on prend soin de son bien-être.
Rêver de danser est en liaison avec un désir sexuel.
Rêver d'école est, selon le cas, un retour vers un passé glorieux ou pénible. Il s'agit aussi d'un désir de vie bien structurée.
Rêver d'avoir faim est en liaison avec un désir sexuel ou une faim affective.

9
MARS
7h17 18h46
Ste Françoise

L'art du thé

Quelques règles sont à observer pour préparer un thé qui ait vraiment du goût :

1. Ne pas laver la théière au détergent ; simplement la rincer à l'eau.

2. Ébouillanter la théière avant de préparer l'infusion.

3. Utiliser de préférence une eau pure ou filtrée.

4. Faire infuser les thés dans une eau à peine bouillante.

10

MARS

7h15 18h48

St Vivien

Là-haut

Si vous étendez votre linge à 3 000 mètres d'altitude par une température de −10 degrés, sans soleil et sans vent, votre linge séchera. En effet, à cette altitude, la glace passe directement de l'état solide à l'état gazeux et, donc, les torchons sèchent.

11

MARS

7h13 18h49

Ste Rosine

Les découvertes faites par hasard :

- *L'Amérique, par Christophe Colomb*
- *La communication des éléphants par infrasons*
- *Les lunes de Pluton*
- *Les anneaux d'Uranus*
- *Les pulsars*
- *La Vénus de Milo*
- *La pierre de Rosette*
- *Les manuscrits de la mer Noire*
- *Les ruines de Pompéi*
- *Le Machu Picchu*
- *L'homme de Néanderthal*
- *La ville d'Herculanum*
- *La grotte de Lascaux*
- *La grotte Chauvet*
- *La poussée d'Archimède*
- *La loi de la gravitation universelle*
- *La radioactivité*

12
MARS
7h11 18h51
Ste Justine

Du danger des tronçonneuses

David Phyall, 50 ans, le dernier résident dans un immeuble devant être démoli à Bishopstoke, Grande-Bretgane, se coupa lui-même la tête à la tronçonneuse pour mettre en évidence l'injustice d'être contraint de le quitter.

13
MARS
7h09 18h52
St Rodrigue

Libres comme l'air

Le 14 mars 2003, trois détenus considérés comme dangereux s'évadèrent par hélicoptère de la maison d'arrêt de Luyne, près d'Aix-en-Provence (Bouches-du-Rhône).

Parmi les évasions célèbres :

- *Albert Spaggiari. Cerveau du « Casse du siècle » de Nice en 1976, il s'évadera pendant un interrogatoire.*
- *Jacques Mesrine, à plusieurs reprises.*
- *Le 27 février 1981 : première évasion mondiale en hélicoptère et double évasion en hélicoptère depuis une prison française, celle de Fleury-Mérogis (Essonne).*
- *En 1998 : Évasion de Martin Gurule du quartier des condamnés à mort dans la prison d'Ellis, à Huntsville (Texas), la première depuis celle, en 1934, de Raymond Hamilton, l'un des compagnons de Clyde Barrow et Bonnie Parker.*
- *Le 19 août 2006, 28 détenus s'évadent de la prison de Termonde (Belgique).*

14
MARS
7h07 18h54
Ste Mathilde

Petits remèdes anciens

L'asperge aurait un pouvoir exceptionnel sur les caries. Jadis, on en appliquait les racines séchées sur les dents pour apaiser la douleur ou faire tomber sans souffrance une dent gâtée. Une tradition de la région du Saintonge préconisait même de laisser se dessécher une racine d'asperge à l'ombre pour que la dent malade tombe sans qu'on s'en aperçoive.

15
MARS
7h05 18h55
Ste Louise

La guérison paradoxale

Dans les années 60, Paul Watzlawick, un des fondateurs de l'école de Palo Alto, obtint la guérison d'un professeur atteint de bégaiement en lui faisant voir les choses autrement. En bégayant, celui-ci obligeait ses auditeurs à l'écouter plus attentivement : c'était la clé de son charisme et il devait prendre garde à ne pas le perdre. On lui apprit donc à faire exprès de bégayer et le résultat, bien sûr, est qu'il cessa de bégayer. Les cliniciens de l'école de Palo Alto soignèrent ainsi les alcooliques en les encourageant à boire davantage et les types qui se prenaient pour Jésus-Christ en leur faisant rencontrer d'autres types qui se prenaient pour Jésus-Christ. Ils appelaient cette technique : « recadrer le symptôme »…

16
MARS
7 h 03 18 h 57
Ste Bénédicte

Saint Patrick

Évangélisateur de l'Irlande, saint Patrick aurait chassé tous les serpents du pays. Les serpents symbolisent les croyances en plusieurs dieux, à Satan et à la sorcellerie. Saint Patrick aurait donc évangélisé les Irlandais.

17
MARS

7h01 18h58

St Patrick

Du nouveau pour la santé !

Dans une chronique scientifique consacrée au pouvoir du toucher, le New York Times *explique qu'être touché et caressé est un besoin pour l'être humain, du premier au dernier jour de sa vie. Le cerveau ne s'y trompe pas, puisque les effets d'une séance dans un fauteuil massant sont négligeables. Par ailleurs, l'intention derrière le geste compte plus que le geste lui-même : une simple étreinte sur le bras peut diminuer la tension sanguine, le rythme cardiaque, le niveau de cortisol (l'hormone du stress) et stimuler l'hippocampe, une structure du cerveau impliquée dans la mémoire.*

18

MARS

6 h 59 19 h 00

St Cyrille

Saint Joseph

On invoque saint Joseph quand on ne sait pas où se loger, pour se marier, pour trouver du travail et pour se procurer des vêtements quand on n'a pas les moyens d'en acheter. Il protège également les femmes qui accouchent pendant un voyage.

19
MARS
6h57 19h01
St Joseph

La superstition du jour

Nombre de superstitions à travers le monde concernent les couteaux. On dit que si un couteau tombe pendant le repas, il vaut mieux attendre de sortir de table pour le ramasser. Pour les Anglais, quand un couteau tombe, c'est qu'un homme appelle à l'aide. Toujours en Angleterre, aiguiser un couteau après le coucher du soleil attirerait les cambrioleurs ou un ennemi chez soi. En Pologne, laisser un couteau le tranchant en l'air entraînerait des convulsions chez les enfants. En revanche, les Bretons voient dans un couteau posé de cette manière l'annonce d'un mariage dans l'entourage.

20

MARS

6h55 19h03

Printemps • St Herbert

Intelligences

Les neurosciences viennent de valider l'hypothèse émise en 1980 par le psychologue américain Howard Gardner, selon laquelle il n'existe pas une forme d'intelligence qui pourrait être mesurée par le QI, mais plusieurs. Sept sortes d'intelligence ont ainsi été répertoriées : les intelligences logico-mathématique, verbale-linguistique, visuelle-spatiale, interpersonnelle (sociale), intra-personnelle (liée à l'introspection), musicale et corporelle-kinesthésique (liée à la sensation des mouvements).

21

MARS

6h52 19h04

Ste Clémence

Des dangers du mariage

Maria Pantazopoulos, 30 ans, jeune mariée, se noya lors d'une séance photo dans les eaux de la rivière Ouareau à Rawdon. Sous le poids de sa robe, elle fut incapable de rejoindre le bord , car il était presque impossible pour elle de sortir de l'eau toute seule.

22

MARS

6h50 19h06

Ste Léa

Nés sous le signe du Bélier

Le signe du Bélier est gouverné par la planète Mars, rougeâtre et violente, planète de l'activité, de la combativité, de la domination, mais aussi de l'industrie et de la chirurgie. L'homme du Bélier trouvera des affinités avec le fer et l'acier (métaux), l'agate de feu, le diamant, l'héliotrope (pierres), le gui, la sauge (plantes), la chèvre, le hibou (animaux).

23
MARS
6 h 48 19 h 07
St Victorien

Naissances records

Le plus jeune papa du monde avait 12 ans. C'est un jeune Anglais qui, en 1998, fut l'heureux papa d'un garçon. Quant au plus vieux papa, il s'agit de Les Colley, un ancien mineur américain de 93 ans et 10 mois qui devint le papa d'un petit garçon en 1992. Il mourut peu avant ses 100 ans d'une pneumonie.

24

MARS

6h46 19h09

Ste Catherine de Suède

Qui a écrit ?

1. « *Les beaux esprits se rencontrent* » ?
2. « *Si Dieu n'existait pas, il faudrait l'inventer* » ?
3. « *Que diable allait-il faire dans cette galère* » ?
4. « *Qu'importe le flacon, pourvu qu'on ait l'ivresse* » ?
5. « *Couvrez ce sein que je ne saurais voir* » ?

Réponse
au verso

25
MARS
6h44 19h10
St Humbert

Réponse :

1. Voltaire
2. Voltaire
3. Molière (*Les Fourberies de Scapin*)
4. Musset (*La Coupe et les Lèvres*).
5. Molière (*Tartuffe*)

L'astuce du jour

Pour récupérer des allumettes qui ont souffert de l'humidité, plongez leur bout soufré dans du vernis à ongles incolore.

26

MARS

6h42 19h12

Ste Larissa

Les expressions du corps

- *S'en lécher les babines*
- *Avoir l'eau à la bouche*
- *Avoir la dent dure*
- *Avoir l'estomac dans les talons*
- *Faire des gorges chaudes*
- *Ne pas avoir la langue dans sa poche*
- *Manger du bout des lèvres*
- *Rire à s'en décrocher la mâchoire*
- *Être un sac d'os*
- *Se faire du mauvais sang*
- *Avoir les yeux plus gros que le ventre*
- *Ventre affamé n'a pas d'oreilles*

27
MARS
6h40 19h13
St Habib

La statue vivante

Le mot « Sphinx » est un mot grec issu de la langue égyptienne ancienne, qui signifie « la statue vivante ». Malgré de nombreuses tentatives d'ensablement par le désert, cette statue vivante est toujours là au sud du Caire, en Égypte, et demeure l'une des sept merveilles du monde.

28
MARS

6h38 19h15

St Gontran

Poudre de café

Faites une tasse de café, laissez-la refroidir puis mettez-la au congélateur. Au bout de quelque temps, le café se sera transformé en glaçon. Si vous laissez suffisamment longtemps ce café glacé au congélateur, l'eau qu'il contient va « disparaître » ou plutôt se sublimer (c'est l'origine du givre qui se forme sur les parois d'un réfrigérateur) et il ne restera plus dans la tasse qu'un peu de poudre de café. C'est le principe du café instantané !

29

MARS

7 h 36 20 h 16

Ste Gladys

Magique

Le narcisse qui fleurit dès le mois de mars est une plante toxique, mais elle a la réputation de favoriser les réconciliations. Offrez des narcisses. Son parfum rend aussi plus vif, plus subtil, plus intuitif.

30

MARS

7h33 20h18

St Amédée

Combat de coqs

Chaque éleveur a ses propres méthodes pour entraîner un coq et il les garde jalousement par-devers lui. Massages, courses fractionnées, pompes ou durcissement du cou, les éleveurs y consacrent de longues heures. Il s'agit d'obtenir le coq le plus endurant et le plus véloce. Alimentation de l'athlète : blé, maïs, ginseng et complément. Il faut compter un minimum d'un an d'entraînement avant qu'un coq soit prêt à entrer en lice.

31

MARS

7 h 31 20 h 19

St Benjamin

1er avril

On date l'apparition de la tradition du poisson d'avril à 1564, l'année où Charles IX imposa à l'ensemble du royaume de France la date du 1er janvier comme premier jour de l'année au détriment du… 1er avril. Le 1er avril est donc une réaction des sujets récalcitrants qui décidèrent en ce premier jour d'avril de s'échanger des faux cadeaux et de se jouer les uns les autres des tours pendables. Quant à l'utilisation du poisson proprement dit, l'origine en reste obscure, certains y voyant le prolongement de la période du carême où il n'était permis de manger que du poisson.

1er
AVRIL

☀ 7h29 ☀ 20h21

St Hugues

Le petit coin des énigmes

Soit deux tasses identiques, remplies au même niveau (volume identique de liquide). L'une contient du café et l'autre du lait. On prélève une cuillerée de la tasse de lait que l'on verse dans la tasse de café. On mélange cette dernière puis on prélève une cuillerée de cette tasse de café (au lait) pour la verser dans la tasse de lait. Il s'agit de la même cuillère dans les deux manipulations, remplie au même niveau à chaque fois et sans aucune perte pendant les échanges.
Y a-t-il plus de lait dans la tasse de café que de café dans la tasse de lait ?

2
AVRIL
7 h 27 20 h 22
Ste Sandrine

Réponse au verso

Réponse :

Il y a autant de lait dans le café
que de café dans le lait.
Au début, chaque tasse contient
le même volume de liquide.
À la fin aussi puisqu'il y a eu un échange
de même volume avec la cuillère.
À la fin, s'il y a un volume de lait X
dans la tasse de café, c'est qu'il manque
ce même volume de café, qui se trouve
forcément dans l'autre tasse.

C'était un 3 avril...

Le 3 avril 2007, sur la ligne à grande vitesse est-européenne, la SNCF fit rouler un TGV conçu par la société française Alstom, à la vitesse de 574,8 km/h. Ce record s'inscrit dans le cadre du programme « V150 » visant à dépasser la vitesse de 150 m/s (soit 540 km/h).

3

AVRIL

7 h 25 20 h 24

St Richard

Martin Luther King Day

Le 4 avril 1968 eut lieu l'assassinat de Martin Luther King, militant non violent pour les droits civiques des Noirs aux États-Unis. Quatre ans auparavant, en 1964, il était devenu le plus jeune lauréat du prix Nobel de la paix. Depuis 1986, le Martin Luther King Day est un jour férié aux États-Unis.

4

AVRIL

7 h 23 20 h 25

St Isidore

Le rêve créateur

Nombre d'artistes et de scientifiques ont trouvé leur inspiration dans les rêves. Mary Shelley (1797-1851) écrivit son célèbre Frankenstein *après un rêve marquant. Robert Louis Stevenson (1850-1894) écrivit* Dr Jekyll et Mr Hyde *en rêvant nuit après nuit de toute l'histoire. Le poète Samuel Coleridge (1772-1834) se réveilla un beau matin avec 200 ou 300 vers d'un poème qu'il commença à écrire... avant d'en oublier la fin. Le chimiste Friedrich Kekulé (1829-1896) dessina la structure moléculaire du carbone après avoir rêvé d'une rangée de carbones et d'hydrogènes se refermant en anneau.*

5

AVRIL

7h21 20h27

Ste Irène

Qui est quoi ?

1. *Empiriste*
2. *Idéaliste*
3. *Pessimiste*
4. *Optimiste*
5. *Existentialiste*
6. *Cynique*

a. *Platon (428-347 av. J.-C),*
b. *Arthur Schopenhauer (1788-1860)*
c. *David Hume (1711-1776)*
d. *Jean-Paul Sartre (1905-1980)*
e. *Gottfried Wilhelm Leibniz (1646-1716)*
f. *Diogène (413-327 av. J.-C)*

Réponse au verso

6
AVRIL
7 h 19 20 h 28
St Célestin

Réponse :

1c

2a

3b

4e

5d

6f

À votre santé

C'est la Journée mondiale de la santé ! En 1946, l'Organisation mondiale de la santé (OMS) a proposé la définition suivante : « La santé est un état de complet bien-être physique, mental et social, et ne consiste pas seulement en une absence de maladie ou d'infirmité »... En conclusion, la santé, c'est le bonheur.

7
AVRIL
7 h 17 20 h 30
St Jean-Baptiste de La Salle

D'où vient l'expression : « Rester comme deux ronds de flan » ?

Parmi toutes les hypothèses avancées, la plus probable est qu'il s'agit d'une alternative à « rester baba ». À la fin du XIXe siècle, le baba est devenu un gâteau élaboré et recherché. Par ailleurs « deux ronds » signifie « pour deux sous de ».

8

AVRIL

☀ 7h15 ☀ 20h31

Ste Julie

Sainte Hildegarde de Bingen

Sainte Hildegarde (1098-1179), qui attribuait ses connaissances médicales à ses visions divines, écrivit de nombreux ouvrages sur la question. Élue abbesse de Disibodenberg, à l'âge de 38 ans, c'est à 43 ans qu'elle commença à consigner les visions qu'elle avait depuis l'enfance. Hildegarde explique dans ses livres la composition et l'utilité de tous les éléments, animaux, végétaux, minéraux, l'influence des astres ainsi que les remèdes pour guérir de pratiquement toutes les maladies et vivre en harmonie avec la nature. Sainte Hildegarde de Bingen fonda les premiers couvents dirigées exclusivement par des femmes. Avant elle, les couvents étaient sous la tutelle des moines. Même après sa mort, tant de miracles s'accomplirent sur sa tombe que, préoccupé par l'affluence continuelle des fidèles, le cardinal de Mayence fut contraint de prier (dans les deux sens) la sainte de cesser ses activités.

9

AVRIL

7h13 20h33

St Gauthier

Divorce

Le pays où l'on divorce le plus est les Maldives, mais dans ce pays le mariage est une simple formalité qui ne donne lieu à aucune cérémonie. D'ailleurs, il n'est pas rare qu'à 30 ans une femme ait déjà été mariée 4 fois. Elle peut se remarier avec le même homme, mais pas plus de 9 fois . Pour se séparer, il suffit de dire à son conjoint : « Je te répudie. »

10
AVRIL
7h11 20h34
St Fulbert

Le pouvoir du citron

Pour redonner son onctuosité à du cirage desséché, ajoutez-y un filet de jus de citron ou du lait chaud. Laissez agir toute la nuit.

11
AVRIL
7 h 09 20 h 36
St Stanislas

Dimanche de Pâques

Attestée dès le IIe siècle, Pâques est la plus importante fête de la chrétienté. Elle commémore la résurrection de Jésus-Christ énoncée par la Bible, le deuxième jour après sa Passion. Mais de nombreuses coutumes païennes datant de la plus haute antiquité se rattachent à la fête de Pâques. Elles sont destinées à célébrer le retour du printemps, l'œuf étant le symbole de la germination, et le lièvre, ou le lapin, représentant la fécondité.

12
AVRIL
7 h 07 · 20 h 37
Pâques • St Jules

Pâques : qui apporte les œufs en chocolat aux enfants ?

• En France : ce sont les cloches. Traditionnellement, elles restent silencieuses du jeudi au samedi saint, car elles sont parties à Rome se faire bénir. Elles en rapportent des œufs et des lapins au chocolat qu'elles laissent tomber sur leur passage en traversant la France.

• En Alsace et en Allemagne : c'est un lapin ou, dans les pays anglo-saxons, un lièvre blanc. La veille de Pâques, les enfants confectionnent un nid de paille ou de mousse que les parents cachent dans le jardin ou dans la maison afin que le lièvre de Pâques y ponde ses œufs.

• Au Tyrol : c'est une poule. Jadis, on trouvait très surprenant de voir des petits êtres vivants sortir d'un œuf, d'où le fait que la poule est restée un animal magique.

13

AVRIL

☀ 7 h 05 ☀ 20 h 39

Lundi de Pâques • Ste Ida

Incroyable mais vrai. L'urine et la transpiration ont la même composition

Comme l'urine, la transpiration contient de l'urée.
On peut d'ailleurs le constater aux auréoles jaunes qui restent sur les vêtements quand on a transpiré. De plus, quand on transpire beaucoup pendant un effort physique intense, on a moins envie d'uriner.

14
AVRIL
7 h 03 20 h 40
St Maxime

Tristes records

Le 15 avril 1912 eut lieu le naufrage du Titanic *qui devait relier Southampton à New York. Le drame se déroula dans la nuit du 14 au 15 avril 1912 dans l'océan Atlantique nord, au large de Terre-Neuve, où le navire heurta un iceberg et coula en moins de trois heures. Entre 1490 et 1520 personnes périrent, ce qui fait de ce naufrage l'une des plus grandes catastrophes maritimes en temps de paix et la plus meurtrière pour l'époque. Le navire ne disposait pas de canots de sauvetage en nombre suffisant et l'équipage n'avait jamais été entraîné à gérer ce type d'événement. Il y eut aussi une polémique autour du comportement du commandant Edward Smith , qui avait maintenu le paquebot à une vitesse trop élevée, compte tenu des conditions de navigation. Le premier naufrage à dépasser celui du* Titanic *en temps de paix se produisit le 20 décembre 1987. Le* Doña Paz, *un traversier, coula après être entré en collision avec le pétrolier* Vector, *dans le détroit de Tablas, aux Philippines. Bilan : plus de 4000 victimes.*

15
AVRIL
7h01 20h42
St Paterne

Du danger de s'énerver

En 1911, Jack Daniel, le fondateur du célèbre whisky du même nom, mourut des complications dues à une blessure à l'orteil qu'il s'était infligée en donnant un coup de pied à son coffre-fort, dont il ne se rappelait pas la combinaison.

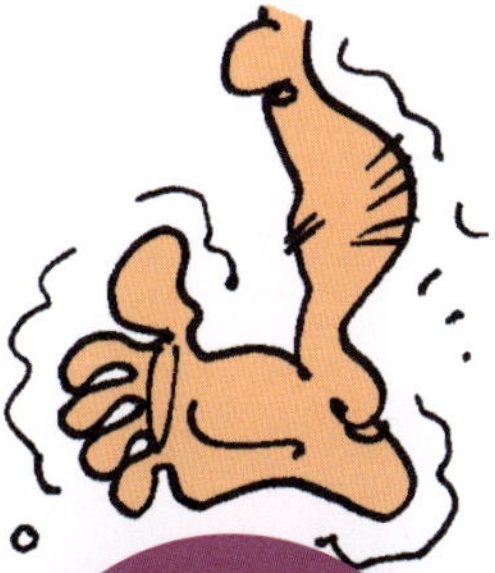

16

AVRIL

6 h 59 20 h 43

St Benoît-Joseph

Le petit coin des énigmes

Monsieur et Madame Martin ont 5 filles. Chaque fille a un frère. Combien la famille Martin compte-t-elle de membres au total ?

Réponse au verso

17
AVRIL
6h57 20h45
St Anicet

Réponse :

8. Parmi les enfants,
il n'y a qu'un garçon
puisque les filles n'ont qu'un frère.
Donc : 5 filles + 1 garçon + 2 parents
= 8 personnes.

Êtes-vous yin ou yang ?

Selon la philosophie et la médecine chinoises, il existe deux forces à l'œuvre partout dans l'univers, y compris dans le corps humain. Le yang correspond à l'énergie masculine, le yin à l'énergie féminine.

- *Le yang corpulent : sujet corpulent, qui a toujours chaud, fréquemment en hypersudation. Sa peau est colorée et chaude.*
- *Le yin corpulent : sujet obèse, au visage lunaire, à la peau blanche. Il est lent, sa voix est basse, ses membres sont froids, il s'essouffle vite.*
- *Le yang mince : sujet mince et sec, coloré, nerveux, inquiet, à la voix métallique.*
- *Le yin mince : sujet mince, pâle, frileux, craintif, fragile.*
- *Le yang instable : sujet musclé, au visage coloré. Désordonné, il possède beaucoup d'imagination, mais il est souvent colérique et rancunier.*
- *Le yin instable : sujet de corpulence moyenne, renfermé, anxieux. C'est une personne émotionnelle, timide, facilement vexée et rancunière.*

18
AVRIL
6 h 55 20 h 46
St Parfait

Vieilles pirogues

Les plus anciennes embarcations trouvées par les archéologues datent de 60 000 ans. Il s'agit de pirogues faites d'un seul morceau de bois, découvertes en 1991 à Paris, dans un ancien chenal de la Seine.

19

AVRIL

6 h 53 20 h 48

Ste Emma

Histoires de ponts

Les deux principaux câbles du célèbre pont, le Golden Gate, à San Francisco aux États-Unis, contiennent assez d'acier pour encercler la Terre trois fois (129 000 km), et la quantité de ciment employée permettrait de construire un trottoir allant de San Francisco à New York.

20
AVRIL
6h51 20h49
Ste Odette

Nés sous le signe du Taureau

La planète qui gouverne le signe du Taureau est Vénus, symbole de la jeunesse féminine, avec toutes ses coquetteries, ses séductions et ses dangers. Elle est la planète de l'amour et règne sur l'harmonie des formes, le charme et l'amour des femmes. Les natifs de ce signe sont en affinité avec le cuivre (métal), l'émeraude, le lapis-lazzuli, la malachite, la turquoise (pierres), la verveine (plantes), le brun et le vert (couleur), l'antilope, le bison, l'écureuil, le lièvre, le bouc et la colombe (animal).

21

AVRIL

6 h 49 20 h 51

St Anselme

Comme dans un moulin

L'expression « entrer quelque part comme dans un moulin », signifiant entrer sans frapper, tire son origine du fait que les moulins étaient des endroits ouverts et bruyants.

22

AVRIL

6 h 47 20 h 52

St Alexandre

Saint Georges

L'image tant de fois reproduite par les plus grands peintres de saint Georges sur un cheval terrassant un dragon avec sa lance, est une allégorie de sa victoire sur les maladies et du triomphe du bien sur le mal. C'est pourquoi le saint est toujours invoqué contre les maladies les plus diverses, comme les fièvres, la syphilis, l'épilepsie, ou pour aider les enfants retardés. Saint Georges est le patron des cavaliers, des militaires et des scouts.

23
AVRIL

☀ 6h45 ☀ 20h54

St Georges

Le petit coin des records

La plus jeune mère du monde avait 5 ans et demi. En avril 1939, les rebouteux de Ticrapo, un petit village des Andes, s'avouant incapable de soigner une petite fille dont le ventre prenait des proportions anormales, ses parents la conduisirent à l'hôpital le plus proche. Le diagnostic fut clair: Lina Medina n'avait pas de tumeur, elle était enceinte. Un mois plus tard, elle mettait au monde par césarienne un beau bébé de 2,5 kilos. On ne sut jamais comment Lina fut fécondée ou si elle fut violée. On soupçonna, un temps, son papa d'inceste et ce dernier fut même emprisonné, puis relâché faute de preuves.

24
AVRIL
6h43 20h55
St Fidèle

Sans sucre

L'aspartame fut découvert par hasard par Jim Slatters qui se léchait les doigts pour tourner les pages de son carnet de notes. Il était en train de développer un nouveau médicament pour traiter les ulcères quand il en fit tomber sur ses doigts.

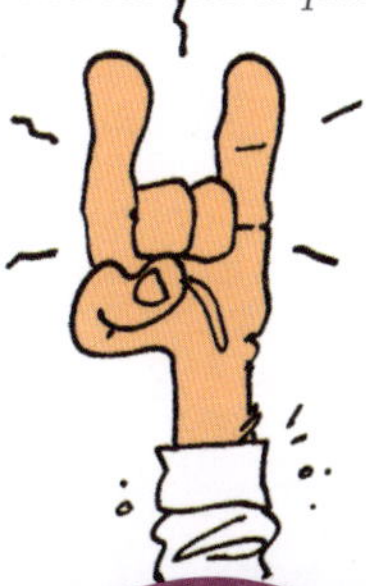

25
AVRIL
☀ 6h42 ☀ 20h57
St Marc

Pas de perte de temps

En Arizona, il est possible de divorcer sans quitter sa voiture, en moins de vingt minutes.

26

AVRIL

☀ 6 h 40 ☀ 20 h 58

Ste Alida

Qui es-tu, le froid ?

Léchez votre main et, tout de suite après, soufflez dessus. Ça fait du froid. Vous venez d'inventer le principe du réfrigérateur. Explication : quand votre salive s'évapore, elle prend de l'énergie là où elle peut, en l'occurrence sur votre main. Au temps de Louis XIV, on conservait ainsi les crèmes glacées dans des boîtes en métal sur lesquelles on versait de l'éther...

27
AVRIL
6 h 38 · 21 h 00
Ste Zita

L'âge de glace

Des paléontologues ont découvert en Argentine le fossile d'une créature à dents de sabre ressemblant à un écureuil. Le fossile montre que le « Cronopio dentiacutus » était muni de dents très longues, d'un petit museau et de grands yeux suggérant qu'il était probablement actif la nuit pour survivre parmi les grands carnivores de la fin du Crétacé. En fait, les paléontologues estiment que l'animal aurait une certaine ressemblance avec l'écureuil préhistorique représenté dans les films d'animation L'Âge de glace.

28
AVRIL

6h36 21h01

Ste Valérie

Est-il possible à un petit enfant de pousser un énorme éléphant sur une balançoire ?

Si la balançoire est assez grande pour mettre l'éléphant, oui. Il suffit de pousser petit à petit en cadence, en donnant une petite impulsion au bon moment. Le mouvement s'amplifiera sans que le pousseur d'éléphant se fatigue.

29

AVRIL

6 h 34 21 h 02

Ste Catherine de Sienne

D'où vient l'expression : « coincer la bulle » ?

Cette expression, qui signifie se reposer, est devenue à la mode dans les années 50, mais elle était déjà employée par les militaires en 1940, ainsi que par les élèves de l'école de géodésie Baille qui l'ont peut-être inventée. La bulle en question est celle du niveau d'eau incorporé à certains instruments pour trouver l'horizontalité. Quand la bulle est coincée, c'est bon. Le succès de l'expression est probablement dû à ce que la bulle évoque un zéro, symbole de zéro activité, d'où une autre expression, apparue dans les années 70 : « buller », qui signifie ne rien faire ou « glander ».

30

AVRIL

6 h 33 21 h 04

St Robert

Arbre de mai

Depuis fort longtemps, le 1er mai est un jour férié et les paysans avaient l'habitude de planter un arbre que l'on appelait mai. Cette coutume subsistait encore au XVIIe siècle. C'était aussi le jour où le maître des forêts recevait sur la table du roi, au bord de la forêt de Fontainebleau, des redevances appelées maiagium, *qui consistaient en gâteaux, jambons, vins, etc.*

1er
MAI

6h31 21h05

Fête du travail • St Jérémy

De qui sont ces vers ?

1. *« Mignonne, allons voir si la rose » ?*

2. *« O ! rage ! O ! désespoir ! » ?*

3. *« J'aime le son du cor le soir au fond des bois » ?*

4. *« Il pleure dans mon cœur comme il pleure sur la ville » ?*

5. *« Mais aux âmes bien nées,*
la valeur n'attend pas le nombre des années » ?

6. *« Cueillez dès aujourd'hui les roses de la vie » ?*

2
MAI
6h29 21h07
St Boris

Réponse
au verso

Réponse :

1. Ronsard
2. Corneille
3. Alfred de Vigny
4. Verlaine
5. Corneille
6. Ronsard

C'était un 3 mai…

Le 3 mai 1936 eut lieu la victoire du Front populaire aux législatives françaises. Cette coalition de gauche, qui gouverna la France de 1936 à 1938, initia plusieurs réformes sociales importantes : les congés payés, la réduction du temps de travail avec la semaine de quarante heures et l'établissement des conventions collectives.

3

MAI

6 h 28 21 h 08

St Philippe

Qui suis-je ?

Ma spécialité est l'étude des graines découvertes par les archéologues.

Qui suis-je ?

a. Je suis grainologue.

b. Je suis paléontologue.

c. Je suis carpologue.

d. Je suis ethnologue.

4

MAI

6 h 26 21 h 10

St Sylvain

Réponse au verso

Réponse :

c. Je suis carpologue.

C'était un 5 mai…

Le 5 mai 1923, le premier feu de signalisation fut installé au croisement des boulevards Saint-Denis et Sébastopol à Paris. D'autres ne tardèrent pas à suivre.

5
MAI
6h24 21h11
Ste Judith

Esprits malins

Une superstition qui se perpétue dans quelques provinces fait considérer comme funestes les mariages contractés en mai. D'autres superstitions indiquent qu'il ne faut pas se marier en mai car la femme serait stérile. De fait, les mariages sont souvent célébrés aux mois d'avril et de juin. De même, les Romains évitaient de se marier en mai, car c'était le mois des esprits malins.

6
MAI
6h23 21h13
Ste Prudence

D'où vient l'expression « poser un lapin » ?

Cette expression, qui signifie « manquer un rendez-vous », voulait dire en 1880 ne pas rétribuer les faveurs d'une fille, un lapin étant un paiement éludé. Elle découle des voyageurs clandestins transportés en fraude par des voituriers, et qui étaient appelés par ces derniers, dans leur argot, des lapins (voyager en lapin).

7
MAI
6h21 21h14
Ste Gisèle

Signature de l'armistice de la guerre 39/45

La Seconde Guerre mondiale se termina officiellement en Europe le 8 mai 1945, à 23 h 01, au lendemain de la capitulation sans condition de l'Allemagne nazie, signée le 7 mai à Reims. Le tournant de la guerre se produisit lors de la bataille d'El-Alamein, en octobre 1942. À partir de ce jour, les armées allemandes se mirent à subir défaite sur défaite. Le 30 avril, Hitler, qui était terré dans son bunker de Berlin avec son dernier carré de fidèles, se suicida. L'amiral Dönitz, son successeur, envoya alors le général Alfred Jodl, chef d'état-major de la Wehrmacht, à Reims, au quartier général des forces alliées du général Dwight Eisenhower, pour demander la cessation des combats. Quelques mois plus tard, il fut condamné à mort par le tribunal de Nuremberg pour avoir contresigné des ordres d'exécution d'otages ou de prisonniers.

8

MAI

6 h 20 21 h 15

Victoire 1945 • St Désiré

La levrette soulage le dos !

Des chercheurs ont travaillé avec 10 couples hétérosexuels bien portants. Ils ont recouru à une technique avancée de capture de mouvements grâce à des capteurs et à des caméras avant de demander aux amoureux d'expérimenter cinq positions au lit dont celles du missionnaire (deux formes différentes), des cuillères et deux variations de la levrette (en prenant appui soit sur les mains, soit sur les avant-bras). Les données analysées montrent que la levrette est la position la plus douce pour la colonne vertébrale aussi bien pour ces dames que pour ces messieurs.

9
MAI
☀ 6h18 ☀ 21h17
St Pacôme

Alcool et intelligence

Plus on est intelligent, plus on boit de l'alcool ! Contre toute attente, c'est ce qui ressort d'une étude au long cours menée à la fois aux États-Unis (National Longitudinal Study of Adolescent Health) et en Angleterre (National Child Developement Study). Ce sont les gens qualifiés d'intelligents quand ils étaient jeunes qui boivent le plus d'alcool une fois devenus adultes. En revanche, il convient de noter que même si ce sont les gens intelligents qui boivent de l'alcool, le fait de boire de l'alcool ne suffit pas à vous rendre intelligent…

10
MAI
6h16 21h18
Ste Solange

Les bienfaits du rire

Savez-vous que, en 1940, on riait 19 minutes par jour alors que maintenant on rit en moyenne moins de 3 minutes par jour. Le rire agit contre la constipation, diminue le taux de gras dans le sang (10 %), prévient les maladies cardiaques, les sinusites, l'insomnie, la dépression et même le cancer. Il diminue le stress, la fatigue, la douleur, l'aérophagie, l'arthrite et l'asthme. Le rire freine même le vieillissement. Il paraît aussi qu'il contribue à éviter l'impuissance et la frigidité…

11
MAI
6 h 15 21 h 20
Ste Estelle

Les méfaits du rire

Si le rire est bénéfique à plusieurs niveaux, les chercheurs du City Hospital Birmingham au Royaume-Uni avancent que le rire présente parfois des risques. Ils citent le cas d'une femme qui a subi un arrêt cardiaque à la suite d'une crise de fou rire de 3 minutes. Certaines personnes ont avalé des objets indésirables en essayant de respirer alors qu'elles rigolaient. D'autres se sont disloqué la mâchoire à force de s'esclaffer. Le rire à gorge déployée peut aussi être un vecteur d'agent infectieux. Asthme, incontinence ou étouffement sont d'autres effets indésirables qui peuvent survenir de cette hilarité.

12
MAI
6h14 21h21
St Achille

Le petit coin de la santé

Selon une étude américaine, pratiquer un peu de marche régulièrement est bénéfique pour entretenir nos fonctions cérébrales. Les personnes qui pratiquent une marche rapide 3 fois par semaine à partir de l'âge de 55 ans répondent mieux aux tests de mémoire car elles augmentent la taille de leur hippocampe, une région du cerveau qui s'atrophie en vieillissant. C'est grâce à cette partie du cerveau que s'effectue le passage de la mémoire à court terme à la mémoire à long terme.

13
MAI
6h12 21h22
Ste Rolande

Scandale

Le plus jeune pape était âgé de 16 ans. Il s'agit de Jean XII Octavien, qui naquit vers 937 et mourut le 14 mai 964. Considéré comme le plus scandaleux des « papes Jean », il fut accusé de sacrilège, meurtre, parjure, adultère, inceste, et bien d'autres choses encore.

14
MAI
6h11 21h24
St Matthias

Les métiers d'autrefois

La « boteresse » était une femme portant les vêtements sales au lavoir avec une hotte sur son dos.
Le brouetteur était un homme qui transportait des personnes dans une chaise à porteur munie de roues.

15
MAI
6 h 09 21 h 25
Ste Denise

Petit cours d'islam

Trois grandes familles caractérisent l'islam :
• Le sunnisme, branche majoritaire (90 % des musulmans), est présent sur l'ensemble de la planète.
• Les chiites, qui ont suivi la voie d'Ali, le gendre du prophète, représentent 8 % des musulmans. Ils se répartissent principalement en Iran, Azerbaïdjan, Irak, Bahreïn, Liban (80 % de la population).
• Le kharidjisme, 1 % des musulmans, s'étend du sultanat d'Oman aux déserts de Lybie, Tunisie et Algérie. Pour ses adeptes, toute décision politique appartient d'abord à Allah.

Tous au lit !

Le lit a évolué au cours des temps. Chez les Carolingiens, il était constitué de simples tables de bois. Au Moyen Âge, les gens dormaient à moitié assis et tout nus, la position allongée étant celle des morts. Les paysans avaient un lit de paille qu'ils jetaient quand celle-ci était trop sale, tandis que les nobles avaient un lit de drap qu'ils ne changeaient guère, utilisant des herbes et des épices pour masquer les odeurs. Les lits médiévaux accueillaient non seulement le mari et son épouse mais aussi les enfants, des amis, des domestiques, voire des visiteurs de passage.

17
MAI
6 h 07 21 h 28
St Pascal

Mangez de la coriandre !

La coriandre joue un rôle important dans la vision, la peau, le système immunitaire et les os. Le bêta-carotène qu'elle contient favorise l'assimilation des lipides et se transforme en vitamine A dès l'ingestion dans l'organisme. Elle possède aussi une quantité intéressante de flavonoïdes, autre antioxydant, et une dose importante de vitamine K, indispensable pour la création des protéines qui aident à la coagulation du sang. En contrepartie, la consommation de coriandre est donc à modérer si vous prenez un traitement anticoagulant.

18

MAI

6 h 06 21 h 29

St Éric

Phobies

Il n'y a pas que la phobie des araignées ! Érasme avait la fièvre en sentant du poisson, le philosophe Bayle éprouvait des convulsions en entendant jaillir de l'eau, Scaliger, érudit italien, pâlissait en voyant du cresson, Bernard de Nogaret de la Valette, duc d'Épernon, s'évanouissait à la vue d'un lièvre, Tycho Brahe, astronome danois, se sentait défaillir à la vue d'un lièvre ou d'un renard, Henri III répugnait à être en présence d'un chat, le maréchal d'Albret se trouvait mal à un repas où l'on servait un cochon de lait, La Mothe Le Vayer, philosophe, ne pouvait souffrir le son d'aucun instrument, Jagellon, roi de Pologne au XVe siècle, serrait les dents quand il voyait des pommes, le chancelier Bacon défaillait lorsqu'il y avait une éclipse de lune, George Sand éprouvait quelque malaise devant une poule au pot, Marie de Médicis se trouvait mal à la vue de toutes les roses, même peintes, et Alfred de Musset tressaillait devant une anguille.

19

MAI

6h04 21h30

St Yves

Nés sous le signe des Gémeaux

Le signe des Gémeaux est gouverné par la planète Mercure, la plus rapide et la plus proche du soleil, qui représente l'enfance, avec son débordement de vitalité et de mouvement. C'est la planète de l'habileté, du commerce, de l'art médical et de la diplomatie. Les natifs des Gémeaux aimeront s'entourer de la couleur jaune, d'ambre, de citrine, de perle, de pyrite et de topaze (pierre), de mercure (métal), de vanille, acacia, menthe (parfum), de noisetier et laurier (plante).

20
MAI

☀ 6h03 ☀ 21h32

St Bernardin

Ascension

Célébrée quarante jours après Pâques, la fête de l'Ascension tombe toujours un jeudi entre le 30 avril et le 3 juin inclus. L'Ascension du Seigneur désigne pour les chrétiens le moment où Jésus a été élevé au ciel, après avoir été mis sur la croix. Mais Jésus n'abandonne pas pour autant les hommes : il leur envoie son Esprit Saint le jour de la Pentecôte. Le nombre de quarante jours est récurrent dans la Bible : il décrit la période durant laquelle la pluie est tombée lors du déluge de Noé et celle que Moïse passe sur le mont Sinaï pour recevoir les tables de la loi. Dans les évangiles synoptiques, la tentation du Christ au désert dure également quarante jours.

21

MAI

6 h 02 · 21 h 33

Ascension • St Constantin

Sainte Rita (1381-1457)

Sainte Rita, qui a reçu le titre de sainte des causes désespérées, était une religieuse italienne de l'ordre des Augustins. Elle avait au front une plaie béante qui s'était ouverte à la suite d'un sermon, pendant la messe. Elle est invoquée pour la guérison des tumeurs et des maladies incurables et protège les familles.

22
MAI

☀ 6h01 ☀ 21h34

St Émile

Courir rend plus intelligent !

Trois raisons :
Premièrement, l'effort de la course favorise la création de vaisseaux sanguins et de nerfs : votre cerveau se développe.
Deuxièmement, cet exercice physique amplifie la mémoire et les capacités d'apprentissage. En outre, la concentration s'en trouve accrue, ainsi que l'aptitude à faire deux choses simultanément.
Troisièmement, gérer régulièrement l'effort de la course entraîne votre cerveau à stocker plus d'énergie, ce qui rend votre réflexion plus efficace et plus rapide.

23
MAI
6 h 00 21 h 35
St Didier

Élevée dans un harem

À la fin du XIXe siècle, l'Égyptienne Huda Sharawi, élevée dans un harem et mariée contre son gré à 13 ans, se lança dans un combat visant à affranchir les femmes. « Les femmes ne doivent pas attendre que leur sort soit amélioré par les hommes ou par des lois », disait-elle. Une autre féministe, Doria Chafic, reprit le flambeau après sa mort et obtint du roi Farouk, en 1951, le droit de vote et l'éligibilité pour les femmes.

24
MAI
5h59 21h37
St Donatien

Les bienfaits des plantes sauvages

L'ail des vignes : se consomme en condiment, comme l'ail. L'airelle rouge : se consomme crue ou en salade de fruits et en confiture, recommandée en période de ménopause et pour le troisième âge. L'arbousier : cru ou en confiture, propriétés anti-inflammatoires, efficace contre les rhumatismes. La chicorée : on consomme ses feuilles en salade. L'églantier : en infusion ou confiture, il a une teneur très élevée en vitamines et est légèrement diurétique. La myrtille : riche en fibres, antioxydant, coupe-faim et très diurétique. L'ortie : excellente en soupe, en soufflet ou en remplacement des épinards. Le pissenlit : bénéfique pour le foie, les artères, diminue le cholestérol et atténue les varices. Le prunellier : riche en tanins, vitamine C et acides organiques. Sureau noir : aussi bien les fruits que les fleurs peuvent être consommés en vin ou sirop, les baies sont toxiques. Il facilite l'élimination urinaire, la digestion et est anti-inflammatoire.

25
MAI
5 h 58 · 21 h 38
Ste Sophie

Qu'est-ce qu'un cabinet de curiosités ?

On appelait ainsi, à la Renaissance, le lieu dans lequel étaient rangées les collections archéologiques privées. Plus tard, on y entreposa et y exposa des objets beaucoup plus hétéroclites, comme des médailles, des antiquités, des animaux empaillés, des insectes séchés, des coquillages, des squelettes, des carapaces, des herbiers, des fossiles ou des œuvres d'art.

26
MAI
5h57 21h39
St Bérenger

Crôa !

Des chercheurs japonais sont parvenus à créer une grenouille transparente par manipulation génétique. « On peut observer à travers la peau la croissance des organes ou encore la façon dont un cancer commence et se développe », commente le chef de l'équipe de recherche, le professeur Mayasuki Sumida.

27

MAI

5 h 56 21 h 40

St Augustin

Musicothérapie

Une trentaine d'hôpitaux utilise la musicothérapie pour soulager la douleur. C'est au CHU de Montpellier que le concept a été développé. Toutes les musiques obéissent au même principe : le rythme ralentit pour favoriser la relaxation et reprend à la fin pour provoquer l'éveil. D'ores et déjà, les patients qui bénéficient de cette technique prennent moins de médicaments antidouleurs.

28
MAI
5h55 21h41
St Germain

Qui suis-je ?

Chez moi, l'élève passe avant la maîtresse.
Chez moi, la récréation passe avant la sanction.
Chez moi, le cinéma passe avant la télévision.
Chez moi, le bonheur passe avant le malheur.
Chez moi, le beau passe avant le laid.

29

MAI

5h54 21h42

St Aymard

Réponse au verso

Réponse :

Le dictionnaire.

Feu de saint Antoine

Saint Antoine de Padoue, un prêtre franciscain né en 1195 à Lisbonne et mort en 1231 à Padoue, souffrait d'éruptions cutanées et de zona qu'on appelait au Moyen Âge « feu de saint Antoine ». Il fut canonisé dès le 30 mai 1232 par le pape Grégoire IX, en raison d'une quarantaine de guérisons. Les foules venaient nombreuses et, aujourd'hui encore, elles se pressent dans la basilique de Padoue, en Italie. On invoque le saint pour être protégé de toutes les maladies de la peau. Le jour de la Saint-Antoine, une ancienne tradition recommande de se faire une omelette avec du petit salé pour éviter les furoncles toute l'année. Il faut dire que ce saint est aussi le patron des charcutiers.

30
MAI

5 h 53 21 h 43

St Ferdinand

Pentecôte

Le « veau de la Pentecôte » est un concept marketing lancé en France en 1998 par la société Comaral, sur le mode de l'agneau pascal ou de la dinde de Noël, pour relancer la consommation de viande de veau. Cette opération commerciale est indépendante de la fête chrétienne qui ne donne aucune instruction alimentaire spécifique pour ce jour-là.

31
MAI
5 h 53 – 21 h 44
Pentecôte

1er juin

Il existe une incertitude sur l'origine du mot « juin ».
Vient-il de juniores, *« jeunes gens », ou de* Juno, *le nom de la déesse romaine de la fertilité ? Les deux sont peut-être vrais car les Anciens célébraient autrefois la Fête de la jeunesse en juin, et ce mois était aussi consacré à la déesse Junon…*

1er
JUIN

5 h 52 · 21 h 45

Lundi de Pentecôte • St Justin

Saint Érasme

Martyrisé en 303, sous Dioclétien, saint Érasme est un martyr à qui on enleva ses entrailles pour les enrouler autour d'un treuil. Depuis, on l'invoque contre les coliques et les douleurs intestinales.

2
JUIN

5 h 51 — 21 h 46

Ste Blandine

Quel est le nom du 1er sprinter blanc à courir le 100 m en moins de 10 secondes ?

a. Jesse Owens

b. Usain Bolt

c. Christophe Lemaître

d. Guy Drut

Réponse au verso

3

JUIN

5h51 21h47

St Kevin

Réponse :

c. Christophe Lemaître

L'amour dans l'espace

S'envoyer en l'air dans l'espace est un véritable défi en raison de l'absence de gravité. Un impératif : se cramponner l'un l'autre. En effet, un mouvement trop brusque risque de catapulter les deux partenaires aux deux extrémités de la fusée. Quant à la reproduction dans l'espace, elle comporte de gros risques, également à cause des rayons cosmiques : endométriose, menstruation rétrograde, perturbations hormonales, altération des gamètes (notamment chez l'homme), anomalie dans la formation du système nerveux de l'embryon, développement fœtal anormal, retard intellectuel des enfants, etc.

4

JUIN

5 h 50 — 21 h 48

Ste Clotilde

Le réchauffement climatique fait rétrécir

D'après un article paru dans la revue Nature Climate Change, *le réchauffement climatique a une répercussion directe sur les plantes et les animaux. Tout degré Celsius complémentaire se traduit en moyenne par une réduction significative de la pousse des plantes et une diminution de la taille des invertébrés marins, des poissons et des salamandres.*

5
JUIN
5h49 21h49
St Igor

C'était un 6 juin…

Le 6 juin 2012 eut lieu le deuxième et dernier transit de Vénus devant le Soleil au cours du XXIe siècle, mais seule la sortie de la planète put être observée depuis la métropole, juste après le lever du Soleil. En 2004, la totalité du passage avait été visible, ce qui n'était pas arrivé depuis le passage de 1283 et ne se reproduira qu'en 2247. Les prochains passages de Vénus devant le Soleil auront lieu en 2117 et 2125.

6

JUIN

5 h 49 21 h 50

St Norbert

Fête des mères

Le cerveau de la future maman grossit en même temps que son ventre. Après de nombreuses études menées sur les animaux qui ont mis en évidence la sur-activation de nombreuses zones du cerveau chez les mères, des chercheurs se sont demandé si des changements du même ordre se produisaient dans l'encéphale féminin après l'accouchement. Banco ! Les analyses ont montré une augmentation du volume de la matière grise dans le cortex préfrontal, les lobes pariétaux et le mésencéphale. L'amélioration des performances de la mère constitue donc une chance supplémentaire pour que sa progéniture grandisse… et que l'espèce survive. Merci les mères !

7
JUIN
5h48 21h51
Fête des mères • St Gilbert

Les plantes sauvages comestibles que l'on peut trouver en France

L'ail des vignes (dans les champs, vignes, friches et chemins), l'airelle rouge (surtout dans le Jura et les Alpes), l'arbousier (Midi de la France), la chicorée (très commune dans les prés, les champs incultes et au bord des chemins), l'églantier (au bord des chemins), la myrtille (ne pousse que sur les sols acides, sur des roches non calcaires), l'ortie (partout), le pissenlit (dans tous les jardins), le prunellier (très commun à basse altitude), le sureau noir (sols riches en azote).

8
JUIN
5h48 21h51
St Médard

Le manuscrit Voynich

Appelé manuscrit Voynich, du nom du marchand de livres anciens qui l'acheta en 1912 dans un collège de jésuites, ce manuscrit se trouve actuellement à l'université de Yale, aux États-Unis. On ignore qui l'a écrit, où il a été écrit, et même ce qu'il raconte, car il est rédigé dans un alphabet et une langue totalement inconnus.

9

JUIN

5 h 48 21 h 52

Ste Diane

Jeanne Calment battue !

*On a retrouvé un spécimen d'*Artica islandica*, un mollusque considéré comme le plus vieil animal connu, âgé de 507 ans. Plus de quatre fois l'âge de Jeanne Calment, décédée à 122 ans.*

10

JUIN

5h47 21h53

St Landry

Le petit coin des écolos

- *Laisser un téléviseur en mode « veille » coûte 11 euros par an.*
- *Deux bouteilles en plastique permettent de fabriquer une écharpe en fibre polaire.*
- *Un robinet qui goutte fait gaspiller 3 500 litres d'eau par an. Les fuites d'eau représentent 20 % de la consommation.*
- *En recyclant 1 tonne de papier, on économise 2 tonnes de bois.*
- *Un habitant des pays industrialisés consomme 10 fois plus d'énergie qu'un habitant du tiers-monde.*

11
JUIN
5h47 21h53
St Barnabé

Le kakemphaton

« La vache paît en paix dans les verts pâturages. »
Cette phrase est un kakemphaton, car on entend aussi :
« La vache pète en paix. » Le kakemphaton est un énoncé cocasse qui se produit involontairement à cause d'associations sonores malheureuses.

12
JUIN

5 h 47 21 h 54

St Guy

Qui a dit ?

« L'homme naît sans dents, sans cheveux et sans illusions et il meurt de même, sans cheveux, sans dents et sans illusions. »

a. Francis Blanche
b . Cyrano de Bergerac
c. Alexandre Dumas père
d. Romain Gary

Réponse au verso

13
JUIN
5 h 47 21 h 55
St Antoine de Padoue

Réponse :

c. Alexandre Dumas père

L'homme préhistorique aussi allait chez le dentiste.

En examinant la mandibule d'un jeune homme vivant il y a 6500 ans dans l'actuelle Slovénie, on a constaté qu'une de ses canines cassée et fissurée était recouverte d'une fine couche de cire d'abeille : le premier « plombage » de l'histoire !

14
JUIN
5h47 21h55
St Élisée

Les températures du système solaire

Vénus : de 400 à 500°
Lune : de 150 à -150°
Mercure : 175°
Saturne : -183°
Pluton : -229°
Le soleil : 5 000°

15
JUIN
5 h 46 21 h 56
Ste Germaine

L'alimentation du futur père

La santé du futur bébé est non seulement influencée par ce que mange sa mère, mais aussi son père. C'est la conclusion d'une étude canadienne. Lors de la fabrication des spermatozoïdes en effet, certains gènes sont modifiés par l'environnement, les événements de la vie, l'exposition aux produits toxiques et l'alimentation.

16
JUIN
5 h 46 — 21 h 56
St Jean-François

Champagne !

Les « bulles » du champagne et son caractère effervescent sont en partie à l'origine de son caractère festif : on fait sauter le bouchon, parfois on sabre la bouteille. Par ailleurs, dans de nombreux sports, notamment les sports automobiles, la victoire est fêtée par l'aspersion de la foule à l'aide d'une bouteille de champagne. De même, le baptême des navires se fait traditionnellement en brisant une bouteille de champagne sur la coque. On peut mentionner aussi les bains de champagne, comme le propose le très célèbre hôtel Cadogan à Londres : pour un bain de Dom Pérignon 2002, comptez environ 30 000 euros !

17
JUIN
5h46 21h57
St Hervé

Le Viagra naturel vient d'une plante

Faux. Le Viagra naturel existe bien, il s'agit de la cantharidine. Cette substance est produite par plusieurs insectes qui l'utilisent comme un poison pour protéger leurs œufs des prédateurs. Ingérée, elle provoque une augmentation du calibre des vaisseaux sanguins, qui déclenche une érection prolongée. Au XIXe siècle, des soldats français en patrouille dans les marécages d'Afrique du Nord en ont fait l'expérience, après avoir ingéré des grenouilles repues de coléoptères et donc de cantharidine.

18
JUIN
5h46 21h57
St Léonce

Les garçons aussi

Contrairement à une idée répandue, les filles ne sont pas les seules victimes d'anorexie mentale. 10 % des victimes sont des garçons. Comme pour les filles, on retrouve chez la quasi-totalité d'entre eux la peur de devenir « gros », même s'il s'agit d'une peur disproportionnée par rapport à leur poids réel.

19

JUIN

5h47 21h57

St Romuald

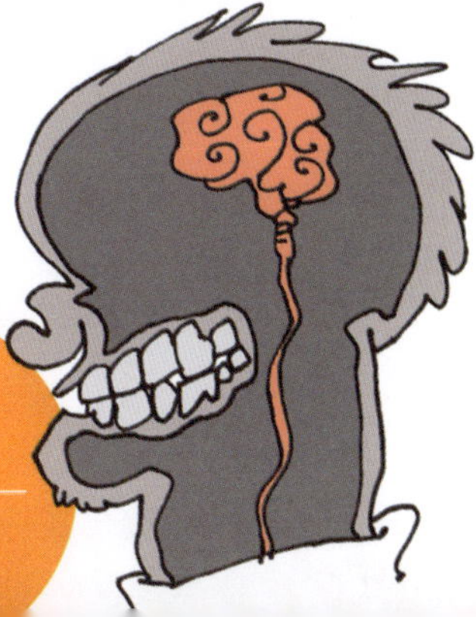

Interro d'astronomie

Combien de temps la lumière du soleil met-elle à nous parvenir ?

a. C'est instantané

b. Une minute

c. 8 minutes

Réponse au verso

20
JUIN

5 h 47 21 h 57

Été • St Silvère

Réponse :

c. Si le soleil venait à s'éteindre, nous mettrions 8 minutes pour nous en apercevoir.

Fête des pères

Dans les pays catholiques, on a célébré les pères de famille dès le Moyen Âge à la date du 19 mars, jour de la Saint-Joseph, ce dernier étant le père putatif de Jésus. En revanche, il était beaucoup plus difficile de célébrer religieusement les mères, les fêtes dédiées à la Vierge Marie, la mère de Jésus, étant aussi des célébrations en l'honneur de la virginité. Cette date du 19 mars a été conservée depuis dans quelques pays de tradition catholique.

21

JUIN

5 h 47 — 21 h 58

Fête des pères • St Gonzague

Nés sous le signe du Cancer

La planète qui gouverne le signe du Cancer est notre satellite, la Lune, qui incline à l'inspiration, la préscience, les voyages et la paix. Les natifs du Cancer bénéficieront de l'influence de certaines couleurs (les blancs, les pastels, les nacres), certains métaux (l'argent, l'or blanc, le platine), certaines pierres (la calcédoine, l'opale, la pierre de lune, la serpentine), certains parfums (le santal, le tilleul, l'ambre) et certains animaux (tous les animaux qui vivent dans les eaux salées ou douces), ainsi que le chien et la cigogne.

22

JUIN

5 h 47 21 h 58

St Alban

Qu'est-ce qu'un ahah ?

a. Une exclamation de rire.
b. Une ouverture pratiquée dans un mur de clôture pour dégager ou prolonger la vue.
c. Ce mot n'existe pas.

Réponse au verso

23
JUIN
5 h 47 21 h 58
Ste Audrey

Réponse :

b. Une ouverture pratiquée dans un mur.

Taille du pénis

Dans une étude parue dans la revue Asian Journal of Andrology, *une équipe de chercheurs sud-coréens a montré qu'une corrélation existe entre la longueur du sexe masculin et celles de l'index et l'annulaire. Plus la différence entre ces deux doigts est marquée, plus le pénis est grand en moyenne. Cela s'explique par le fait que le développement des membres, y compris celui des doigts et des orteils, est contrôlé par les mêmes gènes que ceux qui s'occupent du développement du système génital.*

24
JUIN

5 h 48 · 21 h 58

Fête nationale québécoise
St Jean-Baptiste

Cheveux en quatre

Une chevelure brune compte 100 000 cheveux. Et jusqu'à 150 000 pour les chevelures claires, beaucoup moins pour les roux, 75 000. On compte dans les chevelures noires environ 110 000 cheveux. Nous avons environ 200 à 300 cheveux au cm².

25
JUIN
5 h 48 21 h 58
St Prosper

Et la lumière fut

Une ampoule électrique de 4 watts éclaire une caserne de pompiers en Californie depuis 110 ans. Le premier cas supposé d'obsolescence programmée a visé les lampes à incandescence, en 1924. Des fabricants de lampes s'allièrent pour limiter la longévité des lampes à 1 000 heures.

26
JUIN

5 h 48 · 21 h 58

St Anthelme

Sex made in China

En Chine, entre 618 et 907, les manuels sexuels étaient monnaie courante. On peut y lire que rien dans la vie de l'homme n'est aussi important que l'acte sexuel, car il permet d'harmoniser le yin et le yang. Trois postulats :

1. L'homme doit apprendre à trouver un intervalle d'éjaculation adéquat, en fonction de son âge et de sa condition physique.

2. L'éjaculation n'est pas forcément le moment de l'extase.

3. La satisfaction de la femme est d'une grande importance, le comble de l'art étant de la faire parvenir plusieurs fois à la jouissance avant de perdre sa semence. Après les préliminaires, il existe au moins 6 styles de pénétration, les mouvements lents devant alterner avec des poussées brusques.

27
JUIN
5 h 49 21 h 58
St Ferdinand

Interro de vocabulaire

Certains mots, devenus d'usage courant, sont des dérivés du nom propre de la personne qui en est à l'origine. Lesquels ?

a. Silhouette

b. Guillotine

c. Corrida

d. Calembour

e. Poubelle

28
JUIN
5 h 49 21 h 58
St Irénée

Réponse au verso

Réponse :

a. Antoine de Silhouette
b. Joseph Ignace Guillotin
e. Eugène Poubelle

Les chiffres du bac

Chaque année, plus de 600 000 candidats passent le bac.
Cet examen nécessite 4 300 centres d'examen, 128 000 examinateurs et correcteurs, avec un total de 400 sujets et 4 millions de copies à corriger.

29
JUIN

5 h 50 21 h 58

St Pierre • St Paul

Les perles du baccalauréat

• Le génie de la Renaissance italienne : Mickey l'ange.
• Les Français sont de plus en plus intéressés par leur arbre gynécologique.
• Les escargots sont homosexuels.
• La génétique arrivera un jour à clowner les gens.
• Les sacrifices humains étaient courants chez les pastèques.
• La terre rote sur elle-même.
• Les végétaux fixent l'oxygène grâce aux globules verts.
• Un ver solitaire est un ver qui vit tout seul à la campagne.

30

JUIN

5 h 50 21 h 58

St Martial

1er juillet

Avant Jules César, l'année romaine commençait le 1er mars et le mois de juillet était le cinquième mois de l'année ; c'est pour cette raison qu'on l'appelait quintilis *: « le cinquième ». L'année même de la mort de Jules César, 44 ans avant J.-C., pour honorer sa mémoire, Marc Antoine fit remplacer le nom de* quintilis *par celui de* Julius *« Jules », qui était né le cinquième mois de l'année.* Julius *a donné « juillet ».*

1er

JUILLET

☀ 5 h 51 ☀ 21 h 58

Fête nationale canadienne
St Thierry

Grands chameaux

Les chameaux n'ont pas toujours vécu dans les pays chauds. Il y a 3,5 millions d'années, les ancêtres de nos chameaux actuels vivaient dans une forêt boréale de l'extrême Arctique canadien. Il faut dire qu'à cette époque, la température était de 2 à 3 degrés supérieure à celle d'aujourd'hui. Ce climat leur réussissait sans doute, car le mammifère était alors d'une taille de près d'un tiers supérieure au chameau de notre époque : environ 900 kilos pour une taille de 2,7 mètres à l'épaule.

2

JUILLET

5h52 21h57

St Martinien

La fleur des fleurs

C'est ainsi que les Grecs appelaient le lys. Avant l'avènement de la religion chrétienne, cette fleur était un symbole aussi bien de pureté que de libertinage, à cause de son pistil à la forme évocatrice.

On l'utilisait beaucoup dans les recettes de magie. Secret de mariage : pour être sûr que vos projets de mariage aboutissent, placez un lys dans un vase au col étroit et remplacez-le dès qu'il se fane jusqu'à la veille de vos noces. Secret d'amour : une racine de lys portée autour du cou favorise le désir amoureux.

3

JUILLET

☀ 5 h 52 ☀ 21 h 57

St Thomas

Vive les vacances !

Cette année, tous les écoliers de France et de Navarre sont en vacances le 4 juillet, mais cette date a connu bien des changements au cours des temps. Si, de nos jours, les vacances d'été sont liées au tourisme et aux congés payés, autrefois elles suivaient le calendrier agricole. En 1950, les vacances s'étalaient du 15 juillet au 30 septembre, la moisson et les vendanges exigeant la présence des bras des adolescents. À partir de 1955, de nombreuses familles se mirent à partir en vacances dès le 1er juillet. En 1960, la rentrée fut donc fixée au 16 septembre et le début des grandes vacances au 28 juin, mais la population agricole étant encore importante, des autorisations d'absence entre le 15 et le 30 septembre étaient accordées aux enfants d'au moins 12 ans occupés aux travaux agricoles ou vinicoles. Ces deux semaines de vacances de septembre disparurent définitivement avec l'extinction de la petite paysannerie française. Aujourd'hui, « les grandes vacances » devenues « les vacances d'été » sont diminuées au profit des vacances de la Toussaint et d'hiver.

4
JUILLET
5 h 53 21 h 57
St Florent

L'école est finie !

On compte 900 millions d'analphabètes (personnes qui n'ont jamais appris à lire ou à écrire) dans le monde. Plus de 100 millions d'enfants âgés de 6 à 11 ans ne sont pas scolarisés et 55% seulement des enfants du tiers-monde fréquentent l'école primaire pendant quatre ans. L'analphabétisme a quasiment disparu en France, mais pas l'illettrisme, qui désigne les personnes ayant reçu les apprentissages fondamentaux de l'écriture et de la lecture mais les ayant oubliés.

5

JUILLET

5 h 54 21 h 56

St Antoine

Éternelle jeunesse

La plupart de nos cellules sont plus jeunes que nous. En effet, la plupart des cellules du corps humain ont moins de 10 ans, car elles se renouvellent sans cesse. Ainsi, les cellules épidermiques, qui forment la peau, sont recyclées environ toutes les 2 semaines. Les globules rouges ne durent que 4 mois. Les cellules du foie sont renouvelées tous les 300 à 500 jours. Celles de l'intestin ne survivent qu'environ 5 jours et comptent parmi celles dont la durée de vie est la plus courte de tout l'organisme. À l'exception de celles-ci, l'âge moyen des cellules de l'intestin est de 15,9 ans. Les cellules du squelette vivent un peu plus de 10 ans, et celles des muscles des côtes : 15,1 ans en moyenne. Il existe une exception : les cellules du cortex cérébral, qui perdurent de la naissance à la mort... et nous donnent conscience de notre âge.

6
JUILLET
5 h 54 21 h 56
Ste Mariette

C'était un 7 juillet

Le 7 juillet 2007, la statue du Christ Rédempteur qui domine Rio de Janeiro, au Brésil, fut choisie comme l'une des sept nouvelles merveilles du monde par plus de 100 millions d'internautes.

7

JUILLET

5h55 21h55

St Raoul

Clubs de gymnosophie

La gymnosophie est l'ancien terme pour désigner le naturisme. Nous devons cette intéressante innovation au géographe Élisée Reclus (seconde moitié du XIXᵉ siècle) qui dénonçait l'hypocrisie et les tabous qui sévissaient à l'époque à propos du corps. Élisée Reclus voyait aussi dans le naturisme un moyen de revitalisation physique, une conception plus conviviale de la vie en société ainsi qu'une incitation à respecter la planète.

8

JUILLET

5 h 56 — 21 h 55

St Thibault

Qui flotte mieux ?

La femme flotte mieux dans l'eau que l'homme. Cela en raison de son tissu adipeux qui représente de 20 à 25 % de sa masse totale alors que, chez l'homme, il varie de 15 à 20 %. Étant donné qu'un litre de graisse pèse 950 g, un litre d'os 1 800 g et un litre de muscles 1 050 g, la femme flotte donc mieux que l'homme. De manière générale, certaines personnes flottent mieux que d'autres et ont moins d'efforts à faire que les autres pour nager. Les bébés ainsi que les personnes enveloppées flottent mieux qu'un athlète possédant des masses musculaires importantes.

Trois périodes de la vie sont favorables pour flotter au mieux :

- *Au cours de l'enfance, à cause de la présence de cartilages (moins denses que les os).*
- *Durant la préadolescence (10-13 ans), en raison de l'accroissement du tissu adipeux.*
- *Durant le troisième âge, car les os deviennent de plus en plus poreux.*

9

JUILLET

5 h 57 21 h 54

Ste Amandine

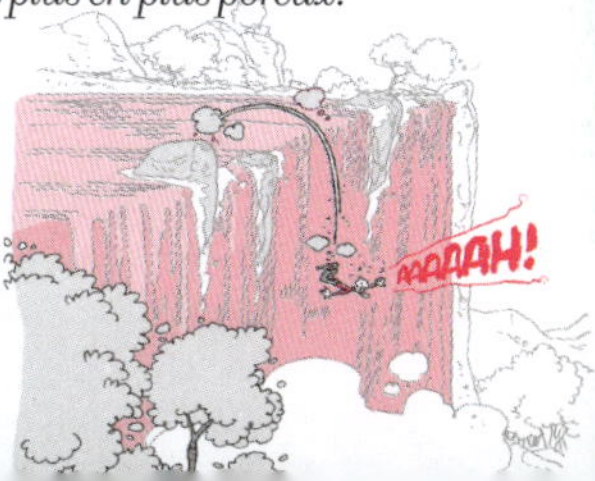

Atouts

Sur tous les jeux de cartes, les 4 Rois représentent les 4 grands rois de l'Histoire :
Pique : le roi David, Trèfle : Alexandre Le Grand,
Cœur : Richard Cœur de Lion, Carreau : Jules César.

10
JUILLET
5 h 58 21 h 54
St Ulrich

Fourmis

Pour faire fuir les fourmis, entassez des feuilles de noyer sur leur passage et, si possible, près de la fourmilière. L'odeur les fera fuir définitivement.

11

JUILLET

☀ 5 h 59 ☀ 21 h 53

St Benoît • Ste Olga

Hips !

Le vin est un véritable aliment. Il contient de nombreux éléments utiles à l'organisme : acides aminés, sels minéraux, vitamines. Il est aussi particulièrement riche en potassium et en magnésium à des concentrations qui seraient voisines de celles du muscle. Attention, toutefois, de ne pas dépasser la dose thérapeutique ! Pour conserver le vin dans les meilleures conditions, la température doit être constante, l'idéal étant entre 10 et 13 degrés, maximum 15. Éviter surtout les écarts brusques et importants. Enfin, n'oubliez pas que les bouteilles doivent être conservées couchées, au contraire des alcools, qu'on rangera debout.

12
JUILLET
6 h 00 21 h 52
St Olivier

Voyage voyage

Pour ne pas retrouver vos vêtements froissés quand vous ouvrez vos bagages, voici les précautions à prendre : roulez vos pantalons avant de les mettre dans votre valise, enfilez les jupes dans une jambe de vieux collant, et pliez en deux vos robes à la hauteur de la taille, avant de glisser une feuille de papier de soie entre le haut et le bas.

13
JUILLET
6h01 21h51
St Henri • St Joël

Fête nationale

D'autres fêtes nationales eurent lieu avant 1880, date où le 14-juillet fut définitivement institué :

- *Le 14 juillet avait lieu la Fête de la Fédération, une des fêtes révolutionnaires.*
- *La « fête de la fondation de la République » était célébrée le 1er vendémiaire (notre 22 septembre actuel), de 1793 à 1803.*
- *La fête de la Saint-Napoléon fut instituée le 15 août par un décret du 19 février 1806, tandis que le 14 juillet, fête subversive, ne fut plus commémoré de 1800 à 1848 que clandestinement.*
- *Le 4 mai 1849 fut célébrée une fête nationale en l'honneur du jour anniversaire de la proclamation de la République par l'Assemblée nationale constituante.*
- *Le 30 juin 1878 eut lieu une fête nationale pendant l'Exposition universelle de 1878. Elle est immortalisée par plusieurs toiles de Claude Monet.*

14

JUILLET

6 h 02 21 h 51

Fête nationale française

St Camille

Le petit coin des superstitions

On est assuré d'avoir prochainement un grand bonheur ou une grande joie si l'on rêve pendant la nuit d'un moine rouge se faisant raser la tête.

15
JUILLET
6 h 03 21 h 50
St Basile

À l'eau

La meilleure eau pour arroser vos plantes n'est surtout pas l'eau du robinet, souvent trop calcaire. Pour pallier cet inconvénient, ajoutez quelques gouttes de citron ou de vinaigre dans votre arrosoir, l'idéal étant d'employer l'eau de cuisson de vos légumes, riche en sels minéraux. Attention cependant à la faire refroidir pour qu'elle soit à la température de la pièce.

16
JUILLET
☀ 6 h 04 ☀ 21 h 49
Notre-Dame du Mont Carmel

Contre le mal de transport

• Dans la voiture, installez-vous au milieu où les mouvements sont moins brusques.

• Trouvez une position qui réduira au minimum les mouvements de votre tête et de votre corps.

• N'hésitez pas à vous allonger et à fermer les yeux.

• Restez concentré sur l'horizon.

• Ouvrez légèrement les fenêtres afin que l'air se renouvelle.

• Ne voyagez pas l'estomac vide, mais évitez l'alcool et les aliments gras.

• Ne pensez pas à votre mal-être et occupez-vous l'esprit.

17
JUILLET
6 h 05 21 h 48
Ste Charlotte

Et le gagnant est…

Le site français qui attire le plus de touristes est le Mont-Saint-Michel, devant la tour Eiffel.

18
JUILLET

☀ 6 h 06 ☀ 21 h 47

St Frédéric

C'est le bouquet

Si vous apportez des fleurs coupées de la campagne et que vous ne voulez pas les trouver fanées à la fin du transport, faites des trous dans de grosses pommes de terre et piquez-y l'extrémité des tiges des fleurs. Disposez le tout à plat à l'arrière de la voiture, à l'abri du soleil.

19

JUILLET

6 h 07 21 h 46

St Arsène

À boire !

Ce sont les Romains qui ont introduit la culture de la vigne en Gaule. Avant, il n'y avait que de la vigne sauvage.

20
JUILLET

6h08 21h45

Ste Marina

A la santé d'Hemingway !

Le 21 juillet 1899 naissait Ernest Miller Hemingway, aux États-Unis.
Hemingway, qui remporta en 1954 le prix Nobel de littérature, était un grand écrivain mais aussi un grand alcoolique.
Matin : deux « highballs » (vodka plus tonic).
Midi : une bonne bouteille de vin français.
Après-midi : trois ou quatre bouteilles de whisky avec trois ou quatre copains.
Soir : quatre ou cinq litres de chianti.
Loin derrière Hemingway, les Français consomment annuellement 15,6 litres d'alcool pur par adulte.
5 millions de Français ont des problèmes médicaux et psychosociaux liés à leur consommation d'alcool.

21
JUILLET
6h09 21h44
Fête nationale belge • St Victor

Sous le signe du Lion

La planète du Lion est le Soleil, dont l'influence est considérable. Le soleil représente la jeunesse, avec ses générosités, ses ambitions, sa témérité, mais aussi son inexpérience des choses pratiques. Cette planète, qui a en dédain le vulgaire, est celle de la vitalité, de la connaissance, du charisme personnel, du pouvoir. Le métal associé est l'or. Les pierres : la citrine, la cornaline, le jaspe. Les plantes : la prêle et le chêne. Le parfum : l'angélique, le cyclamen.

22
JUILLET

6h11 21h43

Ste Marie-Madeleine

Pourquoi les glaçons flottent-ils dans votre verre ?

Parce qu'avec la même masse d'eau le glaçon prend plus de place et que l'eau solide est moins lourde que l'eau liquide.

23
JUILLET
6h12 21h42
Ste Brigitte

« L'important, c'est de participer »

Cette célèbre phrase qui a traversé les générations dans le monde sportif, comme dans bien d'autres domaines, est de Pierre de Coubertin. Né le 1er janvier 1863, à Paris, ce pédagogue célèbre réussit à remettre au goût du jour les Jeux olympiques, non sans mal.

24
JUILLET
☀ 6 h 13 ☀ 21 h 40
Ste Christine

Interro de sport

Lequel de ces sports n'est pas discipline olympique aux Jeux d'été ?

a. Le rugby à XV
b. Le hockey sur gazon
c. Le taekwondo
d. Le tennis

Réponse au verso

25
JUILLET
6h14 21h39
St Jacques

Réponse :

a. Le rugby à XV

Sainte Anne

Ayant mis au monde une fille, Marie, la mère de Jésus, à un âge (64 ans) où aucune femme n'est habituellement féconde, sainte Anne est invoquée par les femmes stériles, celles qui se décident à avoir un enfant tardivement et celles qui prévoient un accouchement difficile.

26

JUILLET

6h15 21h38

Ste Anne • St Joachim

Glagla

S'il fait plus froid au pôle Sud (–90 °C) qu'au pôle Nord (43 °C), c'est que le premier est situé en altitude sur la terre ferme, au centre de l'Antarctique, alors que le pôle Nord est quasi au niveau de la mer, au centre d'un océan gelé, l'Arctique, qui agit comme un réservoir de chaleur.

27
JUILLET
6 h 17 · 21 h 37
Ste Nathalie

À la baguette

*Une baguette classique vaut de 500 à 700 calories environ,
ce qui représente, au minimum, 25 morceaux de sucre.
Vous pouvez prendre 40 grammes environ de pain par repas,
cela n'aura pas de répercussions négatives sur votre poids,
à condition que votre alimentation soit équilibrée.*

28
JUILLET

☀ 6h18 ☀ 21h35

St Samson

Dents du fleuve

Chaque année, le fleuve l'Amazone inonde 65 000 km² de terre pendant plus de six mois. Les animaux terrestres ou aquatiques ont dû s'adapter et ont développé des organes essentiels à la survie de l'espèce, certains poissons ont même acquis des molaires leur permettant de consommer des fruits.

29

JUILLET

6 h 19 21 h 34

Ste Marthe

Rhaa lovely

Chaque hiver, en période d'accouplement, les baleines à bosse mâles chantent. On ignore si ce chant est produit seulement pour séduire les femelles ou pour repousser les autres mâles. Des chercheurs australiens ont remarqué que toutes les baleines mâles chantent la même chanson, mais que celle-ci est différente d'une année à l'autre.

30

JUILLET

6h21 21h33

Ste Juliette

Dumbo

L'animal qui soulève les plus lourdes charges est l'éléphant : il est capable de soulever 300 kg avec sa trompe et de porter 1 tonne sur son dos. Mais le plus fort de tous par rapport à sa taille est le scarabée rhinocéros, qui pèse 0,25 gramme. Il peut supporter sur son dos et déplacer 850 fois son propre poids.

31

JUILLET

6 h 22 21 h 31

St Ignace de Loyola

Le sixième mois

Avant Auguste, empereur romain, le mois d'août était nommé Sextilis, *parce qu'il avait été autrefois le sixième mois de l'année. Il fut désigné sous le nom d'*Augustus *par les Romains, mot réduit successivement par des contractions à une syllabe :* août.

1er

AOÛT

☀ 6h23 ☀ 21h30

Fête nationale suisse
St Alphonse

C'est possible !

Faire du ski en Afrique, c'est possible !
Les toutes premières courses de ski alpin organisées sur le continent africain ont eu lieu au début du mois d'août 2014, à Tiffindell en Afrique du Sud, réunissant une dizaine de nationalités autour de l'événement.
D'Afriski au Lesotho, à Oukaïmden au Maroc en passant par Tikjda en Algérie, il existe au total six stations qui voient de plus en plus de curieux affluer, skis aux pieds, près à dévaler les pistes.

2
AOÛT
6 h 25 21 h 28
St Julien

Pourquoi ne faut-il pas agiter la main pour crier au secours si l'on se noie ?

Parce qu'en levant les bras, nous ajoutons du poids à notre corps, et donc notre tête a tendance à s'enfoncer sous l'eau. La meilleure attitude est de garder les bras le long du corps, car alors l'eau vous pousse vers le haut et vous permet de garder la tête hors de l'eau sans effort.

3
AOÛT
6 h 26 · 21 h 27
Ste Lydie

Réaction

Si vous devez arroser votre jardin aujourd'hui, et que vous ne tenez pas bien votre tuyau d'arrosage, vous remarquerez qu'il part dans tous les sens, sous l'action de l'eau. Chaque fois qu'un objet part d'un côté, il y a toujours quelque chose qui part de l'autre. C'est le principe du moteur à réaction !

4
AOÛT
☀ 6 h 27 ☀ 21 h 25
St Jean-Marie Vianney

Nos amis les animaux

• L'orgasme d'un cochon dure 30 minutes.
• Un cafard peut vivre 9 jours avec la tête coupée, avant de mourir de faim.
• Certains lions peuvent faire l'amour plus de 50 fois/jour.
• Les éléphants sont les seuls animaux qui ne peuvent pas sauter.
• L'urine de chat brille sous une lumière ultra-violette.
• L'œil d'une autruche est plus gros que son cerveau.
• Un crocodile ne peut pas sortir la langue.
• Un escargot peut dormir durant trois ans.
• Les papillons goûtent avec les pattes.
• Le cri d'un canard ne produit pas d'écho.
• Il est possible de faire monter des escaliers à une vache, mais impossible de les lui faire redescendre.

5
AOÛT
6h29 21h24
St Abel

Pognon

D'où vient l'expression : « Pas bezef », qui signifie « pas beaucoup » ?

a. De l'arabe algérien bazzaf signifiant « beaucoup ».

b. D'un autre mot d'argot déformé : le « pèze », signifiant « argent ».

c. De la ville de Bazinval, réputée pour l'avarice de ses habitants.

Réponse au verso

6
AOÛT
6 h 30 21 h 22
St Octavien

Réponse :

a. De l'arabe algérien bazzaf signifiant « beaucoup ».

La vie de château

Au Moyen Âge, la vie dans les châteaux forts n'était pas vraiment la vie de château. Les toilettes étaient un simple trou dans une petite pièce construite au-dessus du vide et le chauffage posait un grand problème. Il fallait brûler beaucoup de bois dans les cheminées, calfeutrer les portes et les fenêtres et on isolait les murs avec des boiseries et des tapisseries. Le confort s'améliora avec le temps, mais les châteaux restèrent souvent beaucoup moins agréables à habiter que les riches maisons des bourgeois.

7
AOÛT
6h31 21h21
St Gaétan

Restaurants thérapeutiques

En Chine, des restaurants thérapeutiques proposent à leurs clients de choisir leurs plats selon qu'ils sont plutôt yin ou yang, et de leur état de santé. En médecine chinoise, il est dit qu'en cas de maladie, l'aliment peut rétablir l'équilibre perturbé dans le corps humain.

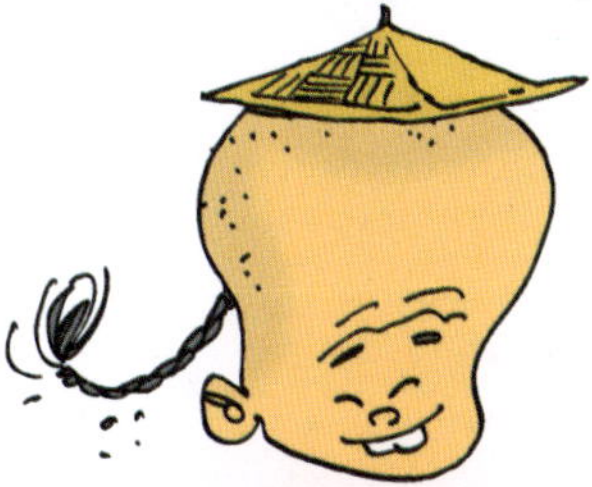

8
AOÛT
6 h 33 21 h 19
St Dominique

Compétition

Si les Jeux olympiques acceptaient les animaux, l'homme ne remporterait que l'épreuve de pentathlon moderne. En effet, notre seul atout est d'être polyvalents, indique le professeur Sharp, un spécialiste en médecine sportive. Le recordman du sprint, c'est le guépard et ses 110 km/h. L'autruche court sans problème à 70 km/h et même le lapin à 38 km/h et le lièvre à 75 km/h. À titre de comparaison, le champion olympique Usain Bolt se déplace à 36,8 km/h sur 100 mètres. En demi-fond, l'antilope pronghorn approche les 90 km/h en vitesse de pointe et peut maintenir 48 km/h pendant une bonne quinzaine de minutes. En endurance, un cheval peut couvrir les 42,195 kilomètres d'un marathon en moins d'une heure et vingt minutes, presque deux fois moins que le champion kényan Patrick Makau. La palme reviendrait à la puce, qui est capable de bondir à 34 cm de haut alors qu'elle ne mesure que 8 mm au maximum. « En comparaison, l'homme devrait être capable de sauter deux tours Eiffel empilées ! » conclut le professeur Sharp.

9
AOÛT
6 h 34 21 h 17
St Amour

Le petit coin des énigmes

Tania est la grande prêtresse de la tribu.
Elle répond toujours clairement par oui ou non.
Quelle question pourriez-vous lui poser pour qu'elle se trompe ?

10
AOÛT
6 h 36 21 h 16
St Laurent

Réponse au verso

Réponse :

Est-ce que le prochain mot
que tu vas dire est « non » ?
Si elle répond « oui », c'est faux,
si elle répond « non », c'est faux aussi.

Les secrets des sorcières

Les ingrédients que l'on trouve dans les grimoires de sorcières paraissent impossibles à rassembler. On réalité, pas tant que ça, car leurs noms sont cryptés.

Aile de chauve-souris : houx
Arbre des conseils : ficus
Bile humaine : sang de navet
Cervelle : gomme de cerisier
Crinière de lion : origan des marais
Dent de lion : pissenlit
Cœur d'aigle : absinthe
Langue de moineaux : renouée à fleurs
Oreille de souris : piloselle épervière
Patte de chat : asaret
Plume d'aile : ail sauvage
Tête de grenouille : renoncule
Sang de chatte : verveine

Vacarme

L'OMS (Organisation mondiale de la santé) estime que 120 millions de personnes présentent des difficultés invalidantes à cause du bruit dans le monde. Plus de la moitié des Européens vivent dans un milieu bruyant et, pour un tiers d'entre eux, leur sommeil en est perturbé. Il semble qu'il y ait un rapport étroit entre le niveau sonore ambiant et la consommation accrue de tranquillisants et somnifères.

12
AOÛT
6 h 38 21 h 12
Ste Clarisse

Les petites cellules grises

Le cerveau est structuré en lobes :

• Le lobe frontal, à l'avant, qui est chargé du contrôle musculaire, de la coordination des mouvements, de la pensée, de la mémoire, du raisonnement.

• Le lobé pariétal, au sommet du crâne, qui gère les sensations tactiles, le toucher et notre orientation dans l'espace.

• Le lobe occipital, à l'arrière de la tête, qui contrôle la vue.

• Le lobe temporal droite et gauche, sur les côtés, qui centralise l'audition, le goût et une autre partie de la mémoire.

13
AOÛT
6 h 40 21 h 10
St Hippolyte

Inégalités

Le célèbre philosophe Aristote , élève de Socrate et de Platon, a justifié l'esclavage. Il prétend que l'esclavage n'est pas contre nature parce qu'il existe une inégalité naturelle. En effet, certains hommes naissent capables de se gouverner, de prendre des initiatives et il est donc logique qu'ils soient des hommes libres, des maîtres. Mais d'autres naissent incapables de se conduire seuls et il est donc dangereux de les laisser livrés à eux-mêmes. Conclusion d'Aristote : il est utile à l'esclave d'être esclave, c'est pour son bien. L'argument sera réfuté par Rousseau : Aristote confond la cause et la conséquence. Il ne voit pas que l'incapacité de l'esclave à se conduire seul vient de sa condition sociale (on ne lui laisse jamais prendre d'initiative) et non de sa nature.

14
AOÛT
6h41 21h09
St Évrard

Assomption

Si cette fête est présente dans le calendrier depuis le VIe siècle, c'est sous le règne de Louis XIII qu'elle prit une importance remarquable. Celui-ci, dans l'attente anxieuse d'un héritier, décida de consacrer la France à Marie en lui dédiant ce mois. Le vœu du roi ayant été exaucé, la fête de l'Assomption, Notre-Dame d'été, est devenue une fête nationale avant la lettre.

15

AOÛT

6 h 43 · 21 h 07

Assomption • Ste Marie

Danse avec les abeilles

Les abeilles communiquent entre elles en effectuant une danse qui leur permet d'indiquer une source de nourriture située à plusieurs kilomètres. La distance est donnée par la vitesse de la danse : plus la danse est rapide et plus la source de nourriture est proche.

16
AOÛT
6h44 21h05
St Armel

Zonblou

Le blouson en cuir noir Perfecto fut créé en 1928 aux États-Unis par la firme Schott. Son nom d'origine espagnole lui vient des cigares cubains nommés « Perfecto » que fumait Irving Schott, son créateur.

17
AOÛT
6h45 21h03
St Hyacinthe

Miam

Pourquoi dit-on croque-mort ?
Jadis, pour vérifier que les morts étaient bien morts, les croque-morts plantaient leurs dents dans leur gros orteil, d'où leur nom.

18
AOÛT
6h47 21h01
Ste Hélène

Miaou

Pour nettoyer et enlever l'odeur d'urine d'un chat sur les tissus : frottez avec un mélange d'eau gazeuse et de vinaigre blanc. Si l'odeur persiste, mélangez deux cuillerées à café de bicarbonate de soude avec un verre de vinaigre blanc. Répétez l'opération deux ou trois fois.

19
AOÛT
6 h 48 20 h 59
St Jean Eudes

Dépotoir

La Lune est notre nouvelle poubelle. L'homme a laissé près de 180 tonnes de matières d'origine terrestre sur la Lune. En effet, rapporter sur Terre les sondes spatiales et autres parties de vaisseaux qui ne sont pas indispensables au retour des données et des hommes sur notre planète est considéré comme trop coûteux.

20

AOÛT

☀ 6 h 50 ☀ 20 h 58

St Bernard

Discrétos

À la demande d'un de ses amis chef décorateur, Stanley Kubrick est intervenu un week-end sur l'éclairage du James Bond L'espion qui m'aimait. *Ne voulant pas être associé de près ou de loin au film, il demanda à être seul dans le studio et à ne croiser absolument personne qui puisse le reconnaître.*

21
AOÛT

☀ 6 h 51 ☀ 20 h 56

St Christophe

A l'eau ou à l'huile ?

L'huile que l'on rajoute dans l'eau des pâtes sert juste à empêcher l'eau de déborder ou de former de l'écume. En effet, l'huile est insoluble dans l'eau et reste à la surface sans rentrer en contact avec les pâtes durant la cuisson.

22
AOÛT
6 h 52 20 h 54
St Fabrice

Sous le signe de la Vierge

La planète qui gouverne le signe de la Vierge est Mercure, la plus rapide et la plus proche du Soleil, accomplissant son cycle en 88 jours. C'est la planète de l'habileté, de l'art médical et de la diplomatie, et les natifs de ce signe ont de grandes affinités avec le jaune et le bleu, tous les alliages de métaux, les animaux volants comme l'écureuil volant ou le lémure, les pierres de fluorite, de saphir, de tourmaline et d'émeraude, le parfum de gardénia, d'acacia, de rose.

23

AOÛT

☀ 6h54 ☀ 20h52

Ste Rose

Maigrir en une seconde

Montez sur un pèse-personne et pliez les genoux comme pour amortir une chute : vous verrez l'aiguille descendre de plusieurs kilos.

24
AOÛT
6 h 55 20 h 50
St Barthélémy

Saint Louis

Saint Louis est considéré comme l'un des guérisseurs les plus efficaces : on l'implore contre la tuberculose, mais aussi contre les épidémies. Il disait : « Le roi te touche, Dieu te guérit. » C'est aussi le saint patron des coiffeurs.

25
AOÛT

☀ 6 h 57 ☀ 20 h 48

St Louis

Parmi ces termes, lesquels désignent un instrument de musique ?

a. Le théorbe
b. L'hélicon
c. L'olifant
d. Le septentrion
e. La lyre

Réponse au verso

26
AOÛT
6 h 58 20 h 46
Ste Natacha

Réponse :

Tous, sauf le septentrion.

Ils sont des nôtres

Certains animaux picolent. Des mammifères semblent assez prédisposés à se saoûler régulièrement. C'est le cas des éléphants et des babouins, qui consomment spontanément des fruits fermentés. Des expériences ont montré qu'ils avaient une préférence pour un taux de 7 %.

27
AOÛT
7 h 00 · 20 h 44
Ste Monique

Plus

La plus grande cathédrale de France : Amiens
Le plus grand château de la Loire : Chambord
Le plus grand lac de France : le lac du Bourget
La plus grande place de France : la Concorde
La plus grande stalagmite du monde : l'aven Armand (Lozère)
Le plus haut téléphérique du monde : l'Aiguille du midi (Haute-Savoie)

28
AOÛT
7h01 20h42
St Augustin

Pas chimple

Un virelangue est une phrase difficile à prononcer. Par exemple : « Les chaussettes de l'archiduchesse sont-elles sèches, archisèches ? »

29
AOÛT
☀ 7 h 02 ☀ 20 h 40
Ste Sabine

Noir c'est noir

L'ours blanc polaire a la peau noire, et si sa fourrure nous semble blanche, c'est uniquement en raison de la réflexion de la lumière sur le pelage de l'animal. En réalité, chaque poil de sa fourrure est translucide et creux.

30

AOÛT

7 h 04 20 h 38

St Fiacre

Le pouvoir des pommes

Les pommes font mûrir les autres fruits, comme les poires, les prunes et les bananes. En effet, elles produisent de l'éthylène. Ce gaz incolore est reconnu comme étant l'un des principaux éléments participant au processus du mûrissement.

31
AOÛT
7 h 05 20 h 36
St Aristide

Septembre

Septembre vient du latin septem *car il était le septième mois de l'ancien calendrier romain. Il conservera toujours chez les Romains le nom de* September, *quoiqu'il soit devenu par la suite le neuvième mois et qu'on ait tenté de l'appeler* Tiberius *en l'honneur de Tibère.*

1er

SEPTEMBRE

7 h 07 — 20 h 34

St Gilles

Sacré Charlemagne

Charlemagne a bien inventé l'école... mais pas pour tout le monde. En 789, il obligea les évêques et les abbés à ouvrir des écoles où des moines enseignaient la lecture, l'écriture, le chant, le calcul et surtout la religion, afin d'y instruire des élites destinées à l'administration de l'empire. Ces écoles étaient payantes, et donc réservées aux riches familles. Même si certains enfants pauvres pouvaient y entrer, du fait de leurs capacités, la plupart des enfants n'y allaient pas et apprenaient leur futur métier auprès de leurs parents ou d'un maître qui les accueillait chez lui.

2
SEPTEMBRE
7 h 08 20 h 32
Ste Ingrid

Qui es-tu, la fibule ?

Nos ancêtres les Gaulois ne connaissaient pas le bouton. Pour attacher leurs vêtements, ils utilisaient la fibule, une sorte d'épingle à nourrice. Ces fibules étaient en bronze et en fer, parfois en argent ou en or pour les plus riches, et elles pouvaient aussi être ornées d'ambre, d'émail ou d'ivoire.

3
SEPTEMBRE
7 h 09 20 h 30
St Grégoire

Les bienfaits de la banane

La banane peut aider à guérir ou prévenir un nombre incalculable de maladies :
La dépression : grâce au tryptophane, qui améliore l'état émotionnel.
L'anémie : grâce à son taux élevé en fer.
Le risque de crise cardiaque : grâce à son taux extrêmement élevé en potassium.
La constipation : grâce à sa richesse en fibres.
Les brûlures d'estomac : grâce à l'antiacide naturel qu'elle contient.
Les nausées matinales : parce que la banane stabilise le niveau de sucre dans le sang.
Le stress : grâce au potassium, qui aide à normaliser le pouls, envoie de l'oxygène au cerveau et régularise la rétention d'eau.

4
SEPTEMBRE
7h11 20h28
Ste Rosalie

Qui a écrit ?

1. « Le cœur a ses raisons que la raison ne connaît point » ?

2. « Nous n'irons plus au bois, les lauriers sont coupés » ?

3. « Tout vient à point à qui sait attendre » ?

4. « Partir, c'est mourir un peu » ?

5. « Il ne faut pas être plus royaliste que le roi » ?

5
SEPTEMBRE
7h12 20h26
Ste Raïssa

Réponse au verso

Réponse :

1. Pascal (*Les Pensées*)
2. Madame de Pompadour
3. Clément Marot (*Chansons*)
4. Harancourt (*Le Rondeau de l'adieu*)
5. Chateaubriand

Le petit coin des records

Pour bâtir le Taj Mahal, ce mausolée indien érigé par l'empereur Shah Jahan en l'honneur de son épouse morte en donnant naissance à son quatorzième enfant, plus de 1 000 éléphants furent employés pour transporter les matériaux et plus de 20 000 personnes travaillèrent pendant 17 années.

6

SEPTEMBRE

7h14 20h23

St Bertrand

On va vous faire marcher...

Si des chaussures neuves vous serrent, passez un morceau de coton imbibé d'alcool à 90 degrés à l'intérieur, jusqu'à ce que le cuir soit bien humidifié. Marchez aussitôt avec vos chaussures et recommencez la même opération le lendemain.

7

SEPTEMBRE

7h15 20h21

Ste Reine

Faites la différence !

Quelle est la différence entre les « non-religieux » et les « athéistes » ? Pour les « non-religieux », Dieu peut exister, mais il n'a pas de conséquence dans la vie des gens. Les non-religieux ne professent aucune religion. Ils regroupent les non-croyants, agnostiques, libres-penseurs et ceux qui sont indifférents à toute religion. Pour les athées, par contre, l'univers existe sans Dieu ni créateur.

8
SEPTEMBRE
7h17 20h19
St Adrien

Les lignes de Nazca

En 1920, le survol du Pérou permit de voir de grandes lignes représentant des dessins d'animaux – colibri, araignée, singe – gravés dans le sol sur plusieurs kilomètres. Ces lignes, réalisées entre 400 et 650, sont le fait de la civilisation Nazca, une culture pré-incaïque du sud du Pérou qui se développa entre 300 av. J.-C. et 800 de notre ère. Elles sont inscrites sur la liste du Patrimoine mondial de l'Unesco depuis 1942.

9

SEPTEMBRE

☀ 7h18 ☀ 20h17

St Alain

Les animaux qu'il ne faut pas détruire :

- *L'araignée, qui nous débarrassent des mouches.*
- *La couleuvre, qui mange les mulots et les souris.*
- *La coccinelle, qui se nourrit de pucerons.*
- *Le crapaud, qui mange limaces et fourmis.*
- *La chauve-souris, qui se nourrit des hannetons.*
- *La musaraigne, qui vit de vers de terre.*

10

SEPTEMBRE

7h19 20h15

Ste Inès

Mort et consommation

Une étude effectuée aux États-Unis après le 11-Septembre 2001 a montré que les Américains ont acheté après les attentats des biens immobiliers et des automobiles en quantité, ainsi que de l'électroménager, des meubles et des gadgets électroniques. Cette étude confirme la théorie du « management de la terreur » selon laquelle chacun combat son angoisse primordiale devant la mort par des comportements valorisés par sa culture, à savoir la possession de biens matériels dans notre système occidental de valeurs.

11
SEPTEMBRE
7h21 20h13
St Adelphe

Quelle énergie n'utilisait-on pas encore au Moyen Âge ?

a. L'eau
b. La vapeur
c. Le vent
d. Le feu

12
SEPTEMBRE
7h22 20h11
St Apollinaire

Réponse au verso

Réponse :

b. La vapeur.

Conseils beauté

3 produits naturels pour avoir les dents blanches

• Le bicarbonate de soude : il fait partie des remèdes naturels les plus efficaces pour blanchir les dents. Dans ce cas, faites l'impasse sur le dentifrice pour ne pas augmenter l'action abrasive, ce qui risquerait d'abîmer vos dents.

• Le citron : idéal pour redonner de la blancheur aux dents jaunies, réduire le tartre et garder une haleine fraîche. Lavez-vous tout simplement les dents avec un peu de jus de citron fraîchement pressé. Brossez-les doucement avant de rincer à l'eau claire. Renouvelez 2 fois par semaine, pas plus.

• Le charbon végétal, utilisé depuis des millénaires en Inde. Vous le trouverez en pharmacie. Vous pouvez le mélanger à quelques gouttes de jus de citron ou d'eau pour former une pâte facile à utiliser. Terminez en rinçant à l'eau claire. Renouvelez 2 fois par semaine, pas plus.

13
SEPTEMBRE
7 h 24 — 20 h 09
St Aimé

Ça chauffe

Quand vous mettez un pull en laine, c'est vous qui chauffez le pull et non le pull qui vous réchauffe. En effet, si la température ambiante est de 20 degrés, celle de la laine aussi. En revanche, votre température est de 37 degrés. Quand vous mettez un pull, c'est vous qui chauffez l'air emprisonné entre les fibres.

14

SEPTEMBRE

7 h 25 — 20 h 07

Croix Glorieuse

Quetzalcoat

Lors du débarquement de Cortés sur les côtes du Yucatan, les Aztèques furent persuadés qu'il s'agissait du retour du dieu Quetzalcoat. Selon la légende, il devait revenir par la mer de l'Est, le jour du « roseau », avec ses écailles brillantes et ses plumes. Et, ce jour-là, débarquèrent des hommes étincelants dans leurs armures, coiffés de plumes… Mais les intentions de Cortés n'étaient pas pacifiques et cette méprise fut fatale à ce peuple.

15
SEPTEMBRE

7h26 20h04

St Roland

À la tienne

La coutume de trinquer vient du Moyen Âge. À cette époque, les empoisonnements par la boisson étaient courants. Par précaution, les gens qui vidaient leur verre ensemble s'échangeaient un peu de breuvage juste avant de boire.

16
SEPTEMBRE
☀ 7 h 28 ☀ 20 h 02
Ste Édith

C'était un 17 septembre…

Le 17 septembre 1979 ouvrait le tout premier McDonald en France, à Strasbourg, sous le regard curieux des Alsaciens. Basée aux États-Unis, la société fut fondée en 1937 par deux frères, Richard et Maurice McDonald, qui inventèrent le système de service rapide, la carte réduite aux hamburgers, soda, lait, café, frites et gâteau, ainsi que les assiettes et gobelets en carton. Fin 2010, l'entreprise possédait plus de 32 737 fast-foods dans 117 pays, dont 1 193 en France, et plus de 12 000 aux États-Unis.

17

SEPTEMBRE

7 h 29 20 h 00

St Renaud

Interro de géo

L'étage d'un cours d'eau désigne :
a. Le niveau moyen le plus élevé
b. Le niveau maximal atteint lors d'une crue exceptionnelle
c. Le niveau moyen le plus bas
d. Le niveau habituel durant l'année
e. Le niveau minimal

18
SEPTEMBRE
7h31 19h58
Ste Nadège

Réponse au verso

Réponse :

e. Le niveau minimal

Grandiose

Youri Romanenko a grandi de 10 cm après une année passée dans une station spatiale en 1987. La raison en est qu'en apesanteur, on subit une élongation forcée.

19
SEPTEMBRE

☀ 7 h 32 ☀ 19 h 56

Ste Émilie

Qu'ont en commun ces écrivains ?

1. Honoré de Balzac
2. Delly
3. Alexandre Dumas
4. Eugène Sue

Réponse au verso

20
SEPTEMBRE
7 h 34 19 h 54
St Davy

Réponse :

Leurs œuvres sont
sous forme de feuilletons.

Rat ou puce ?

Vers l'an 1347, des rats enfermés dans des cales de navires venus de Méditerranée apportèrent la peste noire en Europe, provoquant la mort d'un tiers de la population en cinq ans, soit 25 millions de victimes. Cette maladie est transmise à l'homme pas directement par le rat mais par l'intermédiaire de la piqûre de la puce du rat.

21
SEPTEMBRE

7h35 19h52

St Matthieu

Dans la toile

Pourquoi les araignées ne se prennent-elles pas dans leur propre toile ? Les araignées ne collent pas plus à leurs toiles que des doigts gras ne collent à du papier adhésif. En effet, leurs pattes sont munies de soies hygrophobes, et elles sécrètent une substance grasse. Comme les araignées font souvent leur toilette, ces sécrétions grasses se retrouvent sur l'ensemble de leur corps.

22

SEPTEMBRE

☀ 7h36 ☀ 19h49

Automne • St Maurice

Sous le signe de la Balance

Le signe de la Balance est sous l'influence de la planète Vénus, planète de la déesse de l'amour. Les natifs de la Balance porteront de préférence du jaune pâle, du bleu pâle, du rose, du vert lime et du beige. Ils choisiront un bijou fait d'un alliage de cuivre et d'or et dont les pierres d'ornement pourront être l'aigue-marine, le quartz blanc, l'opale, le saphir ou le béryl. Quant aux parfums qui leur sont bénéfiques, c'est celui du glaïeul ou de la jacinthe.

23

SEPTEMBRE

7 h 38 19 h 47

St Constant

Le corps humain

• Le cœur humain est assez puissant pour projeter le sang à près de 10 mètres.
• Le muscle le plus puissant du corps humain est la langue.
• Le cerveau est beaucoup plus actif la nuit que le jour.
• L'acide de l'estomac est assez puissant pour détruire des lames de rasoir.
• Il est physiquement impossible de se lécher le coude.
• Les femmes clignent des yeux deux fois plus souvent que les hommes.
• Les yeux sont de la même grosseur que lors de notre naissance, mais le nez et les oreilles ne cessent jamais d'augmenter.

24
SEPTEMBRE
☀ 7h39 ☀ 19h45
St Anatole

Le petit coin des énigmes

Comment minuter 9 minutes avec un sablier de 4 minutes et un de 7 minutes ?

25
SEPTEMBRE
7 h 41 19 h 43
St Hermann

Réponse au verso

Réponse :

Retournez les deux sabliers
en même temps.
Une fois celui de 4 minutes fini,
retournez-le une nouvelle fois.
Quand celui de 7 minutes se finit,
retournez-le. Une minute plus tard,
le 4 minutes se termine (8 minutes).
À ce moment-là, une minute s'est écoulée
dans le 7 minutes.
Retournez-le pour mesurer
la dernière minute
et arriver à 9 minutes.

Culture

Au Moyen Âge, on cultivait le chanvre, le blé et la vigne, mais pas le maïs. Cette céréale est cultivée depuis la préhistoire par les Indiens d'Amérique mais n'a été introduite en Europe qu'après Christophe Colomb.

26
SEPTEMBRE

7h42 19h41

St Côme • St Damien

Qui suis-je ?

1. Je suis mort il y a 5300 ans.
2. On a retrouvé mon corps dans un excellent état de conservation dans un glacier des Alpes.
3. Je faisais 1,50 mètre de haut et pesais 40 kilos.

27
SEPTEMBRE
7 h 44 19 h 39
St Vincent de Paul

Réponse au verso

Réponse :

Ötzi, mais les Français m'ont aussi appelé Hibernatus, par référence au film du même nom.

Billets

Il y a chaque jour plus de billets imprimés pour le Monopoly que de vrais billets de banque.

28
SEPTEMBRE
7h45 19h37
St Venceslas

La force est avec vous

Les astrophysiciens n'ont jamais observé que quatre forces différentes dans le cosmos, responsables de tout ce qu'on peut observer dans l'Univers :

- *L'interaction nucléaire forte : responsable de la cohésion des noyaux dans les atomes.*
- *L'interaction électromagnétique : responsable de la cohésion des atomes entre eux, mais aussi des molécules, et donc de la plupart des phénomènes quotidiens : lumière, électricité et magnétisme, chimie.*
- *L'interaction nucléaire faible : qui explique la désintégration spontanée de certains noyaux, rendant compte des phénomènes de radioactivité naturelle.*
- *La gravitation : une force qui forme les planètes, les étoiles et les galaxies. Malgré les apparences, cette force est infiniment plus petite que les trois autres.*

29
SEPTEMBRE
7h47 19h35
St Michel

Le glutamate est-il mauvais pour la santé ?

Cet ingrédient alimentaire qui permet de renforcer le goût des aliments lorsqu'il est ajouté à un plat cuisiné a la réputation d'être responsable du « syndrome du restaurant chinois » avec des nausées, des sueurs… On n'a pourtant mis à jour aucune relation entre la consommation de glutamate et ces effets désagréables. Les réactions de type allergique observées après avoir mangé un plat chinois viendraient plutôt des crevettes ou des herbes.

30
SEPTEMBRE
☀ 7h48 ☀ 19h32
St Jérôme

Octobre

Du latin octo, *qui signifie « huit », ce mois est appelé ainsi parce qu'il était le huitième mois de l'année dans le calendrier romain. Il a conservé ce nom, en dépit du fait que les empereurs et le Sénat romain aient souvent voulu le changer.*

1er

OCTOBRE

☀ 7 h 49 ☀ 19 h 30

Ste Thérèse de l'Enfant Jésus

Aïe !

Dans l'Égypte ancienne, les prêtres s'arrachaient tous les poils du corps, y compris les sourcils et les cils.

2

OCTOBRE

7 h 51 19 h 28

St Léger

Comment faire passer un œuf dans une carafe ?

1. Prenez une carafe à vin et un œuf mollet que vous aurez écaillé.
2. Plongez la carafe dans une casserole d'eau chaude pour la chauffer.
3. Posez l'œuf sur le goulot.
4. Refroidissez la carafe avec de l'eau froide : votre œuf est aspiré à l'intérieur.

3
OCTOBRE
7h52 19h26
St Gérard

Fête des grands-pères

C'est avec le peu d'argent que lui légua son grand-père paternel que Fanck Izquierdo, créateur de jeux, décida d'instaurer cette fête en l'honneur de ses deux grands-pères et de tous les grands-pères. C'est ainsi que les aïeuls sont fêtés tous les premiers dimanches d'octobre. Aujourd'hui, cette fête est l'occasion de rendre hommage à des hommes parfois très jeunes, et à d'autres, plus âgés, voire centenaires.

4
OCTOBRE

☀ 7 h 54 ☀ 19 h 24

St François d'Assise

Octobre ou brumaire ?

Le 5 octobre 1793 (autrement dit le 14 vendémiaire an II) fut promulgué un calendrier révolutionnaire, ayant pour but de déchristianiser le temps. Une année de 12 mois était conservée, de 30 jours chacun, mais divisés en décades, périodes de 10 jours. Chaque jour était associé à une plante, un animal, un instrument agricole, comme le jour de la tulipe ou de la charrue. Quant aux mois, ils portèrent des noms poétiques : vendémiaire, brumaire et frimaire pour l'automne, nivôse, pluviôse et ventôse pour l'hiver, germinal, floréal et prairial pour le printemps, et messidor, thermidor et fructidor pour l'été. Ce calendrier disparut treize ans plus tard, le 11 nivôse an XIV, c'est-à-dire le 1er janvier 1806, à l'instigation de Napoléon Ier.

5
OCTOBRE
7h55 19h22
Ste Fleur

Pierres qui roulent

Les menhirs et les dolmens n'ont pas été érigés par les Gaulois.
Ils datent du néolithique, c'est-à-dire entre 10 000 et 2 000 avant J.-C..

6
OCTOBRE
7 h 57 19 h 20
St Bruno

Ça gaze !

Prenez un briquet vide, ou que vous croyez vide, et chauffez-le bien dans la paume de votre main. Allumez, ça remarche ! En effet, le peu de gaz qui restait s'est dilaté. Moralité : quand on croit qu'une bombe aérosol ou un briquet est vide, c'est faux : il reste toujours au moins un peu de gaz propulseur.

7

OCTOBRE

☀ 7h58 ☀ 19h18

St Serge

Quel roman commence par la phrase suivante :
« Aujourd'hui maman est morte.
Ou peut-être hier, je ne sais pas. »

a. La Vie devant soi *d'Emile Ajar*
b. Le Château de ma mère *de Marcel Pagnol*
c. L'Étranger, *d'Albert Camus*
d. Au bonheur des dames, *d'Émile Zola*
e. Ma mère ce fléau, *de Patrick Delaroche*

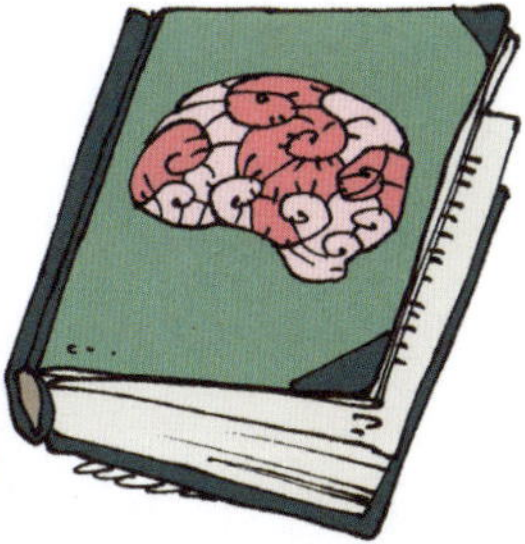

Réponse au verso

8
OCTOBRE
☀ 8h00 ☀ 19h16
Ste Pélagie

Réponse :

c. *L'Étranger*, d'Albert Camus

Saint Denis

Après sa décapitation, saint Denis prit sa tête dans ses mains et marcha de Montmartre jusqu'à l'emplacement actuel de la basilique Saint-Denis. On l'invoque donc contre les maux de tête et les vertiges, mais aussi contre la syphilis, la jaunisse, la rage et les possessions diaboliques.

9

OCTOBRE

8h01 19h14

St Denis

Au feu

Le briquet a été inventé avant les allumettes.
En effet, les allumettes que nous connaissons aujourd'hui datent du début du XIXe siècle, tandis que des briquets d'acier ont été retrouvés, datant du Moyen Âge. Ceux-ci ne fonctionnaient toutefois pas à gaz mais avec de l'amadou, une substance hautement inflammable.

10
OCTOBRE
8h03 19h12
St Ghislain

Ça roule

Pourquoi a-t-on froid en scooter, même s'il fait chaud, si on ne met pas de vêtement supplémentaire ?

Parce que les vêtements emprisonnent une petite couche d'air que l'on chauffe et que cette petite couche est « balayée » en scooter. La peau se retrouve alors en contact direct avec l'air et, à cause de la vitesse, on n'a pas le temps de se réchauffer.

11
OCTOBRE

8h04 19h10

St Firmin

Les principales religions dans le monde :

Chrétiens (catholiques, protestants, orthodoxes, anglicans) : 32,8%
Catholiques : 17,3%
Protestants : 5,3%
Orthodoxes : 3,6%
Anglicans : 1,1%

Musulmans: 19,6%
(Sunnites (83%) et Shi'ites (16%).
Non religieux et athées : 15,4%
Hindouistes : 12,8%
Bouddhistes : 6%
Juifs : 0,2%
Religions tribales : 4,2%

12
OCTOBRE
8h06 19h08
St Wilfried

Interdit aux porcs

Le 13 octobre 1131, le fils du roi Louis le Gros, qui circulait à cheval sur le faubourg Saint-Antoine à Paris, fut chargé par des porcs que l'on laissait en liberté dans les rues de la capitale pour nettoyer les caniveaux. Désarçonné, le cavalier tomba et se brisa les reins. Par ordonnance, Louis le Gros interdit alors aux porcs de divaguer dans Paris, exception faite de ceux qui appartenaient aux disciples de saint Antoine, à condition qu'on leur accroche une cloche autour du cou pour signaler leur présence.

13
OCTOBRE
8h07 19h06
St Géraud

Palindrome

Un palindrome est un mot que l'on peut lire dans les deux sens. Le plus long palindrome de la langue française est « ressasser ». On peut donc le lire dans les deux sens.

14

OCTOBRE

8h09 19h04

St Juste

Décalage

En 1582, à la suite d'une bulle pontificale de Grégoire III, on passa directement du jeudi 4 octobre au vendredi 15 octobre, pour éliminer le décalage accumulé. Cette réforme fut mise en œuvre en Italie, mais cette fois avec la suppression des jours de décembre entre le dimanche 9 et le lundi 20. Quelques années plus tard, ce furent l'Autriche, la Pologne, la Hongrie, puis tous les États catholiques du Saint Empire qui s'alignèrent sur le calendrier grégorien.

15
OCTOBRE

8h10 19h02

Ste Thérèse d'Avila

Des dangers de trop manger

Les écoliers suédois se souviennent du roi de Suède Adolphe Frédéric de Suède comme du « roi qui mangea jusqu'à en mourir ». En 1771, il engouffra un repas composé de homards, caviar, choucroute, hareng, poisson fumé et reprit 14 fois de son dessert favori, le semla, servi dans un bol de lait chaud. Le tout arrosé de champagne. Peu après, il mourait d'indigestion.

16
OCTOBRE
8h12 19h00
Ste Edwige

Les points sur les « i »

Contrairement à ce que l'on pourrait croire, l'expression « mettre les points sur les i » à quelqu'un, qui signifie mettre les choses au clair, n'est pas métaphorique à l'origine. En effet, à la fin du XVIIe *siècle, l'écriture était liée et non moulée, de telle sorte que l'absence de points sur la lettre « i » conduisait à une confusion totale pour certains mots comme « unis » ou « minimum ».*

17
OCTOBRE

8h13 18h58

St Baudouin

Records d'enfants

Pour un père : le tenant du titre est Mulai Ismael (empereur du Maroc qui mourut en 1727). Ses multiples concubines lui donnèrent 700 descendants mâles et plusieurs centaines de filles.
Pour une mère : le Guinness Book of Records attribue le titre à la première épouse de Feodor Vassilyev (1707-1782), une Russe qui, en 27 grossesses multiples, mit au monde 69 enfants.

18
OCTOBRE
8h15 18h56
St Luc

Radio

Pour repérer un faux contact, inutile de démonter un câblage électrique : il suffit de promener une radio à transistors allumé à proximité. L'audition est perturbée à l'endroit du mauvais contact.

19
OCTOBRE
8h16 18h54
St René

Les sirènes de Christophe Colomb

Les lamentins sont à l'origine de la légende des sirènes. En effet, ces gros mammifères herbivores, appelés aussi vaches des mers, qui vivent dans l'embouchure des fleuves et les marais côtiers de la zone tropicale, appartiennent à l'ordre des « siréniens », en référence aux sirènes des mythologies grecque et scandinave. Non seulement le chant des lamentins est assimilé à celui des sirènes – il serait en effet comparé à une lamentation – mais, lorsque la femelle lamantin allaite, ses glandes mammaires, situées sous les bras et non sous le ventre comme la plupart des mammifères, s'hypertrophient, ce qui a pu faire fantasmer les marins sur des seins de sirène. Cette légende date de l'expédition de Christophe Colomb qui avait noté sur son carnet de bord en référence aux lamantins : « 3 sirènes ».

20
OCTOBRE
8h18 18h52
Ste Adeline

Comment bien manger

1. Manger avec modération.
2. Mastiquer lentement en avalant peu à peu.
3. Prendre ses repas à heures régulières.
4. Laisser 4 à 6 heures entre chaque repas.
5. Ne manger que lorsque la sensation de faim apparaît.
6. Éviter le grignotage.
7. Manger en bonne compagnie et détendu, dans un environnement calme.

21
OCTOBRE
8 h 20 18 h 50
Ste Céline

Qui a dit ?

« En nous tous, même en l'homme sage, une nature de bête sauvage sans contrôle se révèle pendant le sommeil » ?

1. *Platon*
2. *Sigmund Freud*
3. *Bernard Tapie*

22
OCTOBRE
8h21 18h48
Ste Élodie

Réponse au verso

Réponse :

1. Platon

Sous le signe du Scorpion

La planète qui gouverne le signe du Scorpion est Mars, la planète de la combativité. La couleur du natif du Scorpion est le rouge rubis. Ses métaux : le plomb et le plutonium. Son élément : l'eau. Ses animaux : le pivert, le loup, le scorpion, l'aigle et toutes les créatures mythiques comme le dragon et la licorne. Ses pierres : l'obsidienne, l'opale, le quartz tourmaline, le topaze, la tourmaline noire et l'améthyste. Ses plantes : l'armoise et le pommier. Ses parfums : le genêt et la citronnelle.

23
OCTOBRE

8h23 18h47

St Jean de Capistran

Squaw patronne

Chez les Iroquois, l'organisation sociale était matriarcale, c'est la mère qui déterminait le lignage, et les femmes possédaient la terre. Après son mariage, l'homme emménageait chez son épouse, et ses enfants devenaient membres du clan de la mère. Les femmes choisissaient également les chefs de clan. Elles avaient un droit de veto sur toutes les décisions des hommes.

24
OCTOBRE

8h24 18h45

St Florentin

Sumo

Dans les combats de sumo, les arbitres de haut niveau portent un poignard. Cela représente à la fois le sérieux de leurs décisions et leur volonté de se faire seppuku (hara-kiri) en cas d'erreur d'arbitrage. De nos jours, une simple démission est suffisante, mais ils portent toujours le poignard.

25

OCTOBRE

8h26 18h43

St Crépin

Tous pour un

D'Artagnan a vraiment existé. Dumas découvre ses mémoires grâce à l'un de ses amis, bibliothécaire à Marseille. Tout y est, les trois mousquetaires, Milady, Buckingham… Seul changement chez Dumas : alors que le vrai d'Artagnan officiait sous Louis XIV, il situe l'action sous Louis XIII.

26
OCTOBRE
7 h 27 17 h 41
St Dimitri

Alias

Häagen-Dazs n'a rien de scandinave, pas même le nom. Elle fut créée par deux glaciers new-yorkais, Reuben et Rose Mattus. En choisissant le nom de Häagen-Dazs, dans les années 60, ces immigrés polonais voulaient surfer sur la bonne réputation des produits danois aux États-Unis et jouer sur l'image qualitative de l'artisanat européen.

27
OCTOBRE
7h29 17h39
Ste Émeline

Chère épice

Le safran est l'épice la plus chère du monde : deux fois le prix de l'or.
Il est produit à partir des pistils séchés de la fleur
de crocus sativus et récolté exclusivement à la main.
Il faut 100 000 fleurs de crocus pour obtenir 1 kg de safran.

28
OCTOBRE

7 h 30 17 h 38

St Jude

La possibilité d'une île

L'Australie est trop grande pour être considérée comme une île. C'est un continent. La plus grande île du monde est donc le Groenland. Il fait quatre fois la France et est situé au nord-est du Canada, entre l'océan Atlantique nord et l'océan Arctique. C'est une province autonome du Danemark.

29
OCTOBRE
7 h 32 17 h 36
St Narcisse

Pourquoi une flèche tirée bien droit n'atteint-elle pas sa cible ?

À cause de la gravité. Au début, la flèche part tout droit, puis elle se met à descendre légèrement pour arriver finalement un peu en dessous du centre. Et plus vous vous éloignez, plus elle arrive bas. Elle est attirée par la Terre, c'est le principe de la gravité.

30
OCTOBRE
☀ 7h34 ☀ 17h34
Ste Bienvenue

Le saviez-vous ?

À l'origine, le symbole d'Halloween était un navet contenant une bougie pour commémorer la légende de Jack-o'-lantern. D'après une vieille légende irlandaise, Jack était un horrible personnage ivrogne, méchant et égoïste, qui joua plusieurs tours pendables au diable. Quand il mourut, l'entrée au paradis lui fut refusée, mais le diable refusa également de le laisser entrer en enfer. Jack réussit néanmoins à le convaincre de lui donner un morceau de charbon ardent afin d'éclairer son chemin dans le noir. Il plaça le charbon dans un navet creusé en guise de lanterne et, depuis, il est condamné à errer sans but, jusqu'au jour du jugement dernier, apparaissant aux mortels une fois par an, à la date anniversaire de sa mort, le jour d'Halloween.

31
OCTOBRE

☀ 7h35 ☀ 17h32

St Quentin

Novembre

Du latin novem, *qui signifie « neuf », ce mois a reçu son nom de la place qu'il occupait dans le calendrier romain, où il était le neuvième. Chez les Romains, ce mois n'était qu'une succession de fêtes : le 5, les Neptuniales, le 15, les jeux plébéiens, du 21 au 24, les Brumales, ou fêtes des jours d'hiver, et le 27, où l'on faisait des sacrifices aux mânes des morts. En dehors du 11 novembre (fête patriotique), nous n'avons conservé que la fête du 1er novembre, ou fête de la Toussaint, qui était célébrée au printemps autrefois. Ce fut le pape Grégoire III (731/741) qui la déplaça, sans doute pour éliminer Samain, la très populaire fête des morts celtiques.*

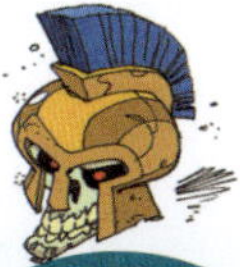

1er NOVEMBRE

☀ 7h37 ☀ 17h31

Toussaint

Interro d'histoire

Combien de temps a duré le Moyen Âge en France ?

- *200 ans*
- *500 ans*
- *1000 ans*

2

NOVEMBRE

☀ 7 h 38 ☀ 17 h 29

Défunts

Réponse au verso

Réponse :

1000 ans, du VIe au XVe siècle.
C'est une très longue période en comparaison avec l'Antiquité qui la précède (5 siècles) et l'époque moderne (3 siècles).

Le petit coin des énigmes

Deux jockeys se rencontrent. L'un d'eux dit :
« Je te parie que mon cheval est plus lent que le tien. »
L'autre répond : « Non, c'est mon cheval qui est le plus lent. »
Comment vont-ils savoir quel est le cheval le plus lent ?

Réponse au verso

3
NOVEMBRE
7 h 40 17 h 28
St Hubert

Réponse :

Ils échangent leurs chevaux
et chacun essaie de gagner la course.

Des dangers de la musique

En 1976, Keith Relf, chanteur et joueur d'harmonica du groupe britannique The Yardbirds, mourut, électrocuté par sa guitare électrique qui n'était pas reliée à la terre.

4

NOVEMBRE

7 h 42 17 h 26

St Charles

La boîte de conserve

Nous devons l'invention de la boîte de conserve à un confiseur, Nicolas Appert (1749/1841), à la fin du XVIIIe, début du XIXe siècle. Après de multiples essais, il se rendit compte qu'il lui fallait appliquer conjointement deux méthodes : d'une part, traiter les aliments par la chaleur et, d'autre part, les mettre à l'abri de l'air pour pouvoir les consommer ultérieurement en toute sécurité. Il enferma alors dans des bouteilles de champagne (le récipient de verre le plus solide à l'époque puisqu'il résiste au gaz de fermentation), des petits pois qu'il mit en « conserve » dans des bains bouillants qui lui permettaient de chasser l'air des flacons. Ceux-ci étaient alors solidement bouchés et testés. Plus tard, il fit appel à des boîtes de fer blanc mises au point par une usine anglaise afin de réduire l'encombrement et la fragilité des contenants.

5
NOVEMBRE
7h43 17h24
Ste Sylvie

Casse-tête

Pour son rasage quotidien, un homme utilise des lames de rasoir, par paquets de quatre, et des bombes de mousse à raser. Il use une lame par jour et une bombe en six jours. Aujourd'hui, il ouvre un pack neuf et une bombe neuve. Dans combien de temps devra-t-il de nouveau ouvrir simultanément un pack neuf et une bombe ?

a. Dans un jour
b. Dans deux jours
c. Dans six jours
d. Dans douze jours
e. Dans vingt-quatre jours

Réponse au verso

6
NOVEMBRE
7h45 17h23
Ste Bertille

Réponse :

d. Dans douze jours.

Conseils sportifs

Il est indispensable d'avoir de bonnes réserves de glucides avant un entraînement ou une compétition. Un athlète avec de bonnes réserves aura de meilleures performances qu'un athlète avec ses réserves vides. Dans les glucides, il y a les sucres rapides, qui mettent environ 30 minutes pour pouvoir être utilisés, et les sucres lents qui mettent beaucoup plus longtemps.. La veille d'un marathon, par exemple, chargez-vous en sucres lents : céréales, pâtes, etc.

7
NOVEMBRE
7h46 17h21
Ste Carine

Le label « NF »

Créé en 1991, le label NF distingue des produits qui ont un impact environnemental réduit et répondent aux attentes des consommateurs en termes de sécurité, qualité, durabilité… Il peut s'appliquer à toutes sortes de produits à l'exception des produits pharmaceutiques, des produits agro-alimentaires, du secteur automobile, et des services.

8

NOVEMBRE

7 h 48 17 h 20

St Geoffroy

Sarcophage

Le mot « sarcophage » vient du grec et veut dire : « mangeur de chair »

9

NOVEMBRE

7 h 50 17 h 19

St Théodore

Ça ne rime à rien

Le mot « simple » ne rime avec aucun autre mot.
Tout comme « triomphe », « quatorze », « quinze », « pauvre », « meurtre », « monstre », « belge », « goinfre » ou « larve ».

10
NOVEMBRE
7h51 17h17
St Léon

Jour de l'armistice de 1918

Le 11 novembre célèbre à la fois l'armistice du 11 novembre 1918, la commémoration de la victoire et de la paix et l'hommage à tous les morts pour la France. Pour commémorer l'anniversaire de l'armistice de 1918, la journée du 11 novembre fut instituée par la loi du 24 octobre 1922 : « journée nationale pour la commémoration de la victoire et de la paix ». C'est donc la reconnaissance du pays tout entier à l'égard de l'ensemble des morts pour la France tombés pendant et depuis la Grande Guerre qui s'exprime particulièrement envers les derniers d'entre eux, notamment en opérations extérieures.

11

NOVEMBRE

7 h 53 17 h 16

Armistice 1918 • St Martin

Frappée par le destin

Le 12 novembre 1929 naissait Grace Kelly à Philadelphie. Elle mourut à Monaco le 14 septembre 1982, à l'âge de 52 ans, sur la route même où elle avait tourné La main au collet. *Après avoir débuté dans des pièces de théâtre , la jeune actrice rencontra le succès avec le film* Mogambo *et c'est à la suite de ce tournage que le grand Alfred Hitchcock la remarqua et trouva en elle son interprète de prédilection :* Le Crime était presque parfait *suivi de* Fenêtre sur cour *en 1954. L'année suivante, elle retrouvait Alfred Hitchcock dans* La Main au collet, *comédie policière dont le tournage s'effectua sur la Côte d'Azur, où elle rencontra pour la première fois le prince Rainier de Monaco. Le 18 avril 1956, Grace Kelly acceptait de renoncer à sa carrière cinématographique en épousant le prince Rainier, devenant ainsi la princesse Grace de Monaco. En 1999, l'American Film Institute classait Grace Kelly treizième plus grande actrice de tous les temps.*

12
NOVEMBRE
7 h 54 17 h 15
St Christian

Petite thérapeutique d'autrefois

Coliques : avaler de l'eau-de-vie dans laquelle vous aurez fait macérer des feuilles de sauge.

Cors aux pieds : faire une application de feuilles de lierre bouillies.

Diarrhées : prendre une infusion préparée avec 30 à 40 grammes de feuilles d'ortie blanche pour un litre d'eau.

Migraine : piler de la verveine fraîchement cueillie, la mettre dans du vinaigre et faire des compresses répétées.

13
NOVEMBRE
7h56 17h13
St Brice

Oubli

La librairie principale de l'université d'Indiana s'enfonce d'un pouce chaque année, car lorsque elle a été construite, les ingénieurs ont oublié de prendre en compte le poids des livres qui occuperaient l'édifice.

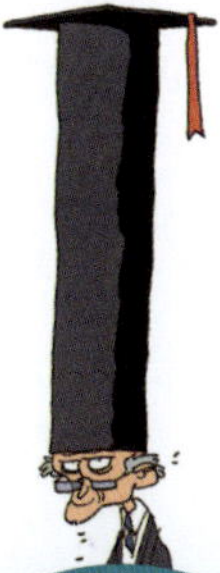

14
NOVEMBRE

☀ 7 h 57 ☀ 17 h 12

St Sidoine

Le thé peu infusé vous permet de mieux dormir

Faux. C'est le thé peu infusé qui vous empêchera de dormir, parce que la théine est une petite molécule qui diffuse rapidement, alors que les tanins en sont de grosses qui se déplacent bien plus lentement que l'eau. Résultat : après un court temps d'infusion, toute la théine sera diffusée dans le liquide, alors que les tanins en sont encore à sortir des feuilles. Peu à peu, ceux-ci vont neutraliser la théine, tout en se diffusant et en colorant le thé. Vous obtiendrez un breuvage amer et foncé mais vous pourrez dormir tranquille.

15
NOVEMBRE
7h59 17h11
St Albert

Petits zanimaux

Au cours de la période gauloise, presque tous les animaux d'élevage étaient de petite taille : les vaches et les chevaux mesuraient à peine plus d'un mètre de hauteur, les cochons avaient la taille d'un chien et les moutons étaient également beaucoup plus petits qu'à l'heure actuelle.

16
NOVEMBRE
8h01 17h10
Ste Marguerite

Au théâtre ce soir

Au théâtre, le balcon situé juste au-dessus de l'orchestre est :

a. Le poulailler

b. La volière

c. La corbeille

d. Le panier

e. Le paradis

17

NOVEMBRE

8h02 17h08

Ste Élisabeth

Réponse au verso

Réponse :

c. La corbeille

Des arbres au Groenland

Le nom Groenland signifie « Terre verte ». En effet, quand le Norvégien Erik le Rouge dénomma cette terre vers l'an 985, il régnait un climat beaucoup plus doux sur le nord de l'Europe. Après 1300, les hivers devenant plus rudes, les comptoirs nordiques du Groenland et de l'Islande furent abandonnés.

18

NOVEMBRE

8h04 17h07

Ste Aude

Top 30 des inventions qui changèrent notre vie (1)

Antibiotique : 1928 (Fleming, Écosse)
Aspirine : 1853 (Gerhardt, France)
Ascenseur : 1853 (Elisha Otis, USA)
Automobile : 1884 (Edouard Delamare-Deboutteville, France)
Avion : 1903 (Orville et Wilbur Whright, USA)
Bas Nylon : 1938 (Carothers, USA)
Boîte de conserve : 1795 (Appert, France)
Carte à mémoire : 1974 (Moreno, France)
Cocotte-minute : 1680 (Papin, France)
Épingle de sûreté : XIXe siècle (White, USA)
Escalier roulant : 1892 (Reno, USA)
Fer à repasser : IVe siècle (Chine)
Four à micro-ondes : 4975 (Baron Spencer, USA)
GPS : 1978 (Département de la défense, USA)
Internet : 1969 (S. Crocker, USA)

19
NOVEMBRE
8h05 17h06
St Tanguy

Top 30 des inventions qui changèrent notre vie (2)

Lave-vaisselle : 1850 (USA)
Lunettes correctrices : 1315 (Salvino Degli Armati, Italie)
Machine à calculer : 1639 (Pascal, France)
Moulin à légumes : 1931 (Mantelet, France)
Ordinateur personnel : 1973/75 (USA)
Poêle Tefal : 1954 (Grégoire, France)
Pilule contraceptive : 1955 (Gregory Pincus : USA)
Réfrigérateur : 1834 (Perkins, USA)
Revolver : 1815 (Lenormand, France)
Scooter : 1902 (Gauthier, France)
Téléphone : 1876 (Graham Bell, USA)
Téléphone portable : 1973 (Martin Cooper, USA)
Télévision : 1926 (John Loggie Baird : Grande-Bretagne)
Velcro (bande) : 1954 (G. de Mestral, Suisse)
Walkman : 1979 (Sony, Japon)

20
NOVEMBRE
8h07 17h05
St Edmond

Pas bien !

La France est le premier pays d'Europe par le nombre d'animaux domestiques (8,6 millions de chiens et 9,7 millions de chats)… mais elle est aussi le premier pays d'Europe à les abandonner. En 1976, on estimait à environ 400 000 le nombre d'abandons annuels en France de chats et de chiens. Aujourd'hui, il est d'environ 60 000, soit 6 fois moins, mais c'est encore beaucoup trop !

21
NOVEMBRE
8h08 17h04
Présentation de la Vierge Marie

Sainte Cécile

Sainte Cécile survécut trois jours à sa décapitation, au IIe siècle de notre ère, et s'éteignit le 23 novembre. Comme elle avait l'habitude de chanter les louanges du Seigneur en s'accompagnant d'un instrument, elle est devenue la patronne des luthiers, des musiciens et des poètes.

22

NOVEMBRE

8h10 17h03

Ste Cécile

Sous le signe du Sagittaire

La planète qui gouverne le signe du Sagittaire est Jupiter, représenté par l'homme de raison et de volonté. De par cette planète, les natifs du Sagittaire sont en résonance avec le rouge et le violet, l'étain, le feu, les mammifères des pays chauds, ainsi que la biche et la corneille, la rue et le pin, et les parfums de fraise et d'amarante.

23

NOVEMBRE

8h11 17h02

St Clément

Questionnaire de Proust

Il s'agit d'une coutume du XIXe siècle, en vogue chez les jeunes filles de bonne famille. Elles priaient leurs proches de leur répondre par écrit à une série de questions, au nombre de 25. Les réponses étaient ensuite consignées dans un album de confidences, sorte d'ancêtre des blogs actuels. Proust se prêta par deux fois à ce jeu . Voici quelques-unes de ses réponses :

- *La qualité que je préfère le plus chez une femme : des vertus d'homme et de la franchise dans la camaraderie.*
- *La qualité que je préfère le plus chez un homme : des charmes féminins.*
- *Personnage historiques que je méprise le plus : je ne suis pas assez instruit.*
- *Mon principal défaut : ne pas savoir, ne pas « vouloir ».*
- *Mon occupation préférée : aimer.*

24
NOVEMBRE
8h13 17h01
Ste Flora

Vive les Catherine !

Le philosophe Diderot, qui travailla plus de dix ans à son Encyclopédie pour des gains modestes, fut sauvé de la misère en 1765 par Catherine II de Russie, qui lui acheta fictivement sa bibliothèque pour 150 000 livres et l'en nomma conservateur pour 300 pistoles par an.

25
NOVEMBRE

☀ 8h14 ☀ 17h01

Ste Catherine

Mortel

Si vous mangez l'équivalent d'un bol de pépins de pommes, vous aurez 99,9 % de chances de mourir d'un arrêt cardiaque… En effet, le pépin de pomme est un fort bêtabloquant.

26
NOVEMBRE
8h15 17h00
Ste Delphine

À table

Appelée la « succulente », la méduse est très appréciée des Japonais, qui en mangent 13 tonnes par an. Avec 95% d'eau et 5% de protéines, elle est très peu calorique…

27
NOVEMBRE

8h17 16h59

St Séverin

Amazones

Selon la mythologie grecque, les Amazones, un peuple composé uniquement de femmes originaires de Turquie, se seraient battues et auraient envahi deux contrées en Asie Mineure et en Grèce. Elles auraient affronté les troupes d'Alexandre le grand et auraient aidé Achille durant la guerre de Troie. Pour faciliter le maniement du tir à l'arc, elles se coupaient le sein droit.

28
NOVEMBRE

8h18 16h58

St Jacques de la Marche

L'Empereur

Napoléon Bonaparte compte un palmarès de 44 victoires et 7 défaites. Près d'un million d'hommes, dont 400 000 Français, sont morts au cours de ces batailles, de 1793 à 1815. Il est aujourd'hui l'homme le plus célèbre après Jésus-Christ.

29

NOVEMBRE

☀ 8h19 ☀ 16h58

St Saturnin

Ambre gris

Miam, du vomi ! Un Britannique qui se promenait sur la côte anglaise a ramassé un étrange rocher jaunâtre et s'est vu offrir la coquette somme de 50 000 euros pour sa trouvaille. Il s'agissait de vomi de cachalot, encore connu sous le nom d'ambre gris, qui est très prisé en parfumerie.

30
NOVEMBRE

8h21 16h57

St André

Décembre

Du latin decem, *qui signifie « dix », ce mois est appelé ainsi parce qu'il était le dixième du calendrier des Romains. L'empereur Commode voulut remplacer ce nom par celui d'Amazone, en l'honneur d'une dame romaine dont il portait dans un anneau un portrait où elle était peinte en Amazone, mais le nom de décembre fut rétabli.*

1er

DÉCEMBRE

☀ 8h22 ☀ 16h57

Ste Florence

Des dangers du chewing-gum

En décembre 2009, un jeune chimiste, Vladimir Likhonos, trouva la mort en mâchant un chewing-gum. En effet, il avait l'habitude de les tremper dans de l'acide citrique (goût de citron) et il aurait confondu cet acide avec une substance explosive. Le chewing-gum a explosé, pulvérisant sa mâchoire et la majeure partie du bas de son visage.

2
DÉCEMBRE
8h23 16h56
Ste Viviane

Plein de plomb

Tous les ans, en France, environ 1,3 million de chasseurs tuent 50 millions d'animaux et dispersent du plomb, qui est très toxique, dans la nature : près de 6000 tonnes !

3
DÉCEMBRE
8 h 25 16 h 56
St François-Xavier

Cholestérol

Pour faire baisser le mauvais cholestérol, il est évident qu'un régime s'impose. Il faut avant tout respecter sa prescription médicale. Toutefois, la consommation d'ail cru, de germes de blé et de flocons d'avoine, de noix, d'amandes, de noisettes, de cannelle et de soja aide à faire descendre le taux de cholestérol.

4
DÉCEMBRE
8h26 16h55
Ste Barbara

Le petit coin des énigmes

Sur une île de 100 habitants vivant le long d'un cercle, tous ont le même discours :
«Je ne mens jamais, mais mon voisin de gauche ment toujours. »
Combien y a-t-il de menteurs ?

5
DÉCEMBRE
8h27 16h55
St Gérald

Réponse
au verso

Réponse :

50 menteurs.
Un menteur ou une personne disant la vérité dironttoujours qu'ils disent la vérité.
Un menteur dira de son voisin de gauche (qui dit la vérité) qu'il ment.
Une personne qui dit la vérité dira de son voisin de gauche (qui ment) qu'il ment.
Ainsi, il y a alternance entre personnes disant la vérité et menteurs.

Bobo

Les effets de l'aspirine sont augmentés si vous buvez en même temps une tasse de café noir très chaud : le café dilate les vaisseaux sanguins, ce qui permet une meilleure diffusion du remède dans le sang.

6
DÉCEMBRE
8 h 28 16 h 55
St Nicolas

La vraie licorne

Les eaux glaciales de l'Arctique abritent une créature mythique et cependant bien réelle, le narval, que l'on surnomme parfois la « licorne des mers », en raison de la longue corne en ivoire qui orne son front. Les deux tiers de cette race de baleine encore mal connue passent l'été dans le Nord du Canada, précisément dans les fjords et anses du Nunavut. On n'en dénombre pas plus de 50 000 à 80 000 à travers toute la planète.

7

DÉCEMBRE

8h29 16h54

St Ambroise

Laquelle de ces corvées n'existait pas au Moyen Âge ?

a. Le transport du foin
b. Le battage du blé
c. Le curage des fosses
d. L'épluchage des pommes de terre

Réponse au verso

8
DÉCEMBRE
8 h 30 16 h 54
Immaculée Conception

Réponse :

d. Les pommes de terre ne furent cultivées en Europe qu'à partir du XVIIIe siècle.

Cléopâtre

Cléopâtre n'était pas égyptienne mais d'origine grecque. Elle descendait d'un général d'Alexandre le Grand qui devint gouverneur d'Égypte au IVe siècle avant Jésus-Christ. À sa mort, elle et son frère cadet lui succédèrent. Ce fut une véritable guerre entre le frère et la sœur pour s'approprier le pouvoir.

9

DÉCEMBRE

8h32 16h54

St Pierre Fourier

À l'heure

Jusqu'en 1891, chaque ville de France avait sa propre heure calculée par rapport à la position du soleil. Néanmoins, ce système a commencé à poser problème quand les chemins de fer se sont développés, si bien que les autorités décidèrent d'adopter la même heure partout.

10
DÉCEMBRE
8h33 16h54
St Romaric

Caca café

Le café Kopi Luwak est récolté dans les excréments d'une civette asiatique. L'animal se nourrit de grains de café, qui sont ensuite transformés dans son système digestif et prennent alors un goût de caramel. La production mondiale serait de 450 kg par an, d'où son prix exorbitant : 700 euros le kg.

11

DÉCEMBRE

☀ 8h34 ☀ 16h54

St Daniel

Téléphone

En 1973, l'ingénieur du groupe Motorola, Martin Cooper, passait le premier appel d'un appareil mobile dans les rues de New York. Le téléphone pesait 1 kg et avait une autonomie de 20 minutes. Cooper l'aurait inventé en s'inspirant du communicateur de la série Star Trek *!*

12

DÉCEMBRE

8h34 16h54

St Corentin

Sainte Lucie

Sainte Lucie, qui naquit aveugle, est traditionnellement invoquée contre les maladies oculaires, car elle recouvrit la vue après son baptême à l'âge de 12 ans. On l'invoque aussi contre les maladies infantiles et les angines. C'est la patronne des aveugles et des électriciens.

13
DÉCEMBRE
8h35 16h54
Ste Lucie

Interro de sport

La coupe de l'America est une compétition :

a. de tennis

b. de football américain

c. de basket

d. de voile

e. de hockey sur glace

Réponse au verso

14

DÉCEMBRE

8h36 16h54

Ste Odile

Réponse :

d. de voile.

Best-seller

Livre sacré pour la religion juive et le christianisme, la Bible reste à ce jour le livre le plus vendu de tous les temps, avec 4 milliards d'exemplaires environ. Vient ensuite le Coran avec plus de 3 milliards d'exemplaires et les citations du président Mao Tsé-Toung avec 800 millions d'exemplaires.

15
DÉCEMBRE

8 h 37 16 h 54

Ste Ninon

Rouge sang

La couleur rouge rendrait les taureaux agressifs.
C'est une légende. En vérité, les taureaux ne voient pas la couleur
mais le mouvement de la cape. Le rouge aurait été choisi
pour que les traces de sang passent inaperçues.

16
DÉCEMBRE

8 h 38 16 h 54

Ste Alice

Savon syrien

Le savon de Marseille provient d'Alep, en Syrie, et existe depuis des milliers d'années. Son mode de fabrication, à base d'huile d'olive et de laurier, s'est répandu à travers le Bassin méditerranéen, à la suite des croisades, en passant par l'Italie et l'Espagne pour atteindre Marseille.

17
DÉCEMBRE
8h39 16h54
St Gaël

Coin coin

L'expression « il fait un froid de canard » (il fait très froid) vient de la chasse aux canards qui est autorisée en France de mi-septembre à fin janvier. Les canards sont plus faciles à chasser quand il fait très froid et plutôt à la tombée de la nuit ou à l'aube, au moment où ils effectuent leur envol.

18
DÉCEMBRE

8h39 16h55

St Gatien

Impôt de taille

Sur l'île de Miyako, au sud du Japon, une pierre de 1,40 mètre de haut a longtemps joué un rôle important. Ceux dont la taille dépassait la pierre devaient payer un impôt.

19

DÉCEMBRE

8h40 16h55

St Urbain

Inconnu

Dans les administrations anglo-saxonnes, pour désigner une personne non identifiée, un blessé inconscient ou un mort n'ayant pas de papiers sur lui, l'hôpital inscrit « John Doe » (« Jane Doe » pour une femme). L'utilisation de John Doe date en fait de 1768 et désignait un plaignant inconnu, alors qu'un accusé anonyme était appelé Richard Roe.

20

DÉCEMBRE

8 h 41 16 h 56

St Isaac

Bonne fête !

Bonne fête à Pierre et ses principales variantes :

- *au masculin : Pere, Petrus, Pier, Pierce, Piero, Pierrot, Pietro et Piotr.*
- *au féminin : Pérel, Pérelle, Pernette, Perrette, Perrine, Petra, Piera, Pierra, Pierette, Pierrette, Pierina, Pierrina et Pierrine.*

21

DÉCEMBRE

8h41 16h56

Hiver • St Pierre Canisius

Inspiration liquide

Ludwig van Beethoven (1770-1827) avait une manière très particulière de trouver l'inspiration. Avant de commencer à composer, il se plongeait la tête dans une bassine d'eau froide. Durant son travail, il s'arrêtait et plongeait régulièrement ses mains dans la bassine d'eau. Il s'en aspergeait tout en fredonnant les airs qu'il créait.

22
DÉCEMBRE

☀ 8h42 ☀ 16h56

Ste Françoise-Xavière

Perrier, c'est fou

Quand on n'est pas très doué pour ouvrir les huîtres, il existe une méthode simple qui fonctionne parfaitement. Il suffit de les faire tremper pendant quelques minutes dans de l'eau gazeuse et elles s'ouvriront bien plus facilement.

23
DÉCEMBRE
8h42 16h57
St Armand

Ho ho ho

Les rennes du Père Noël sont apparus pour la première fois, en 1821, dans un poème qui commençait en ces termes : « Avec beaucoup de joie, le bon Père Noël dirigeait ses rennes dans la nuit de Noël. » Ils sont cinq mâles et quatre femelles et ont tous un prénom.

24
DÉCEMBRE

8 h 43 16 h 58

Ste Adèle

Match de Noël

Le 25 décembre 1914, à Frelinghien, près d'Armentières, où se situait la ligne d'affrontement entre les soldats anglais et allemands, eut lieu une trêve de Noël mémorable, pendant laquelle les militaires de chaque camp déposèrent les armes pour quelques heures afin de disputer amicalement un match de football. Les Allemands (le 6e Jäger Bataillon*) qui occupaient le village de Frelinghien – en particulier la brasserie – apportèrent des fûts de bière aux Anglais (la* Royal Welsh Fusilier*) qui leur offrirent du plum pudding et des cigarettes.*

25

DÉCEMBRE

8h43 16h58

Noël

Saint Étienne

Ce saint est le premier martyr chrétien. Il fut tué par des pierres en 35, et c'est pourquoi on l'invoque contre les calculs rénaux. C'est le patron des fondeurs.

26
DÉCEMBRE
8h43 16h59
St Étienne

Bienvenue au Village

En Finlande en décembre, on boit du vin chaud épicé durant toutes les festivités.
Mais surtout, il faut faire un petit détour au Village du père Noël.
Selon les légendes, ce serait en Finlande, au cœur de la
Laponie mythique, qu'il habite avec toute sa famille.

27
DÉCEMBRE
8h44 17h00
St Jean

Cash cash

Il existe deux distributeurs de billets dans les glaciers du pôle Sud, dans la Station McMurdo. Cette base scientifique est la plus grande communauté en Antarctique. Elle compte aux alentours de 1000 personnes en été, mais pas plus de 200 en hiver.

28
DÉCEMBRE
8 h 44 17 h 00
Sts Innocents

Diablerie

Mettre la main devant la bouche quand on bâille n'était pas, à l'origine, une marque de politesse. Il s'agissait d'une réaction à la peur que le diable n'entre par la bouche. En Europe, les gens faisaient même parfois un signe de croix quand ils bâillaient.

29
DÉCEMBRE
8h44 17h01
St David

Gueule de bois

Une des façons les plus rapides de guérir une gueule de bois est de se faire une boisson à la banane, sucrée au miel. La banane calme l'estomac et, avec l'aide du miel, fait grimper le niveau de sucre dans le sang, pendant que le lait calme et hydrate le corps.

30
DÉCEMBRE
8h44 17h02
St Roger

Barbares

Le 31 décembre 406, de nombreuses bandes de Barbares ont franchi le Rhin. Ils profitèrent de ce que le fleuve, cet hiver-là, était gelé pour le traverser à pied. Ce fut l'une des plus importantes vagues d'immigration qu'ait connue l'Empire romain.

31
DÉCEMBRE
8h44 17h03
St Sylvestre